女工之死

Haunted Modernities

Gender, Memory, and Placemaking in Postindustrial Taiwan

後工業時代，一則關於鬧鬼和空間記憶的人類學敘事

李安如 Anru Lee——著
林紋沛——譯

目錄

II 鬼魂地景 Ghostscapes

III 來世 Afterlife

推薦

文化的多重宇宙：平行與交匯

方怡潔（國立清華大學人類學研究所副教授）

多年前，我曾以人類學家的身分在深圳的電子工廠進行田野調查。在金融風暴爆發的那一段時間，工廠突然開始出現鬧鬼的傳言：深夜裡的女生宿舍會出現神祕的敲門聲，女工們在房裡抱成一團嚇哭，欲言又止地認定是鬼。後來傳出有女工曾在這裡自殺，工人們更確信了鬧鬼的傳聞。陪伴他們經歷這一段鬧鬼經驗的我，親身體會到日常茶餘飯後的鬼故事甦醒成兇猛「現身」的厲鬼，鬼魂從滲入空間的記憶裡復活，傳達產業變動與勞動過程中未能被說出的情感與歷史。我後來把這段經歷寫成《When Ghosts Appear: Migrant Workers, Fears of Haunting, and Moral Negotiation in a Chinese Electronics Factory》，寫作時的文獻回顧過程讓我更進一步明白，鬧鬼是跨文化的現象，而在工廠與學校這些標示著現代化「征服」了蒙昧無知與落後之後成立的場所，鬼更是鬧得熱鬧非凡。對於鬼魂的詮釋分析則可以有各種不同理論立場，甚至連這些詮釋的方式也不斷地與時俱進，一再被檢討或被批判性地看待。晚近的「本體論轉向」，更將如何看待鬼魂現象的詮釋推到了另一個層次。

但在眾說紛紜之間，最讓我心有所感的，是那些被現代化的齒輪拋下或碾壓過的人們，在鬼魂飄蕩縈繞之際，用自己的方式捍衛曾建構起他們生活秩序的小宇宙，訴說著屬於他們不管人世間想不想聽不聽的心聲。

帶著這段經驗閱讀《女工之死》時，我內心激起強烈的共鳴，深覺精彩萬分。更名為「勞動女性紀念公園」的「二十五淑女墓」，是本書用來觀察後工業時期台灣如何在都市空間與紀念場所中爭奪和建構歷史的案例，這個地點呈現出一個「爭議空間」，不同利害關係人各自帶著自身的宇宙觀、詮釋與訴求，進而改造了實體景觀與相關論述。這本書的鋪陳非常精巧，像是作者帶領著我們來一趟尺度跳躍的「宇宙搖」，不但橫跨了高雄的工業發展史，也跨越了文化的多重宇宙。傳統的人類學家多半會從「在地人視角」出發，帶我們看進一個文化的宇宙觀，就算跨文化比較研究是文獻回顧中必然的做法，但在實地田野中，卻免不了「側重」某一文化的宇宙觀。但這本書卻是單一田野地點的多元文化視角並陳，作者比重相等地清楚呈現在地人家屬、女性主義者，還有政府官員的認知、觀點與行動，打破了文化同質性的弊端，呈現多元文化視角，娓娓道來一場歷時數十年，三方立場不一，卻交織在一起共同作用的「文化戰爭」（引書中報導人語）。

一九七三年，高雄發生旗津渡船意外，奪去二十五名年輕工廠女工的生命。這場意外不但讓旗津眾多家庭一夕生變，家屬悲痛欲絕，也同時震驚社會，如何安頓因意外而死去的女工，卻成爲難題，在家屬與當時政府的協商之下，而有了「二十五淑女墓」。但「二十五淑女墓」卻只是開端，隨後的數十年，這個空間從屢遭破壞、落敗到遷移與重新改建。本書由此事故開始，檢視台灣後工業社會的歷史發展，透過探討三個立場各異的利害關係人——罹難者家屬、女權運動人士和國家機構（高雄市政府，尤其是勞工局）——在表述、爭奪和塑造圍繞這些女工之死的論述中，作者讓我們清楚看到了性別、勞工權利與集體回憶，如何與城市發展、地方創生等議題，交纏在一起。

如何看待死亡，特別是意外死亡，涉及的是一套把人擺在什麼樣的秩序中的宇宙觀，這些宇宙觀會形塑了看到的「眞實」，也決定了其後「應該」怎麼安放、緬懷與記念這些意外去世女工的「恰當」做法。若這是一場「文化戰爭」，我們確實可以想像當時各方在無法共容的文化觀之間，要決定出一個方案時必然引爆的衝突。但當我們閱讀本書之際，戰爭早已勝負分明，煙硝已散，透過作者的娓娓道來，三種截然不同的公共敘述觀點清楚呈現。我們從書裡看到的，已經不再是必然有勝負的權力鬥爭，而是一場跨越「文化的多重宇宙」的知性旅程。

第一層宇宙是漢人社會與文化的，是來自與女工直接相關的家人，這曾是私領域的，但因爲集體意外死亡，而進入了公眾視角。一開始，這些未婚女性的意外死亡首先就爲家屬帶來一個情感與文化邏輯無法合拍的兩難。在傳統漢人的邏輯中，未婚死亡的女性因無夫家可奉祀而被視為無主孤魂，但這些女工在父母家人眼中，卻又都是孝順體貼為家庭犧牲學業與個人發展的女兒，實在不該在意外慘死之後，連去到死後的世界都飄飄蕩蕩。因此，在與當時政府的磋商之下，找出一塊墓地，把這些未婚女性的遺骨合葬於「二十五淑女墓」，讓這些未婚女兒有地方安息，能被祭拜。死後的她們，也因此能持續與人世間保持關係，透過民間儀式，家人們持續「回報」在天界生活的她們，例如出錢舉辦儀式，讓她們可以尋求靈性，提升死後地位。如果有朝一日她們能從落難的受害者升格為能夠彰顯神跡發揮助人之力的神明，那就是父母、家屬心中認定對早逝女兒最好的「紀念方式」。

墓地的陰森，女鬼的傳說，隨著時間過去，墓地成為城市死角，被賭徒、吸毒者霸占，對面甚至開了卡拉OK店，日夜歡唱，不得安寧。二十五淑女墓沒有莊嚴神聖的感覺，反而成為求財、好賭、發洩人性欲望甚至挫折的所在。隨時間推進，墓地所在的外在環境也變了，高雄從靠著加工出口區發展的工業城市，逐步轉型成後工業的進步城市，「二十五淑女墓」從名稱到現況，都讓人覺得彷彿成為一種落後的象徵。

接著我們看到了第二層宇宙登場，主要行動者是女性主義團體，特別是高雄市女性權益促進會。她們的觀點受到全球女性主義思潮的啟發，著重挑戰性別不平等、爭取勞動權益，以及重寫被忽視的女性歷史。她們在回顧女工的意外事故時，強調女工們對家庭與經濟的貢獻，認爲女工的死亡不只是意外，還根源於工業環境與父權結構。這些女工被定位爲「勞動先驅」，也是台灣戰後經濟起飛中的重要女性勞動力。她們同時也將這個議題置於「現代化」與「文明都市發展」的論述中。這些女性主義團體反對將女工用漢人傳統的文化邏輯定位爲「未婚亡靈」或「孤魂野鬼」，並誓言根除這些帶著貶意的汙名。她們挑戰傳統漢人文化親屬制度中的父權對女性勞動的貶抑，以及「從夫居」傳統婚俗中伴隨而生的、將女兒視爲原生家庭裡暫時成員的觀念。女性主義團體以「鬧鬼」作爲隱喻，凸顯歷史不公、結構性暴力，以及官方敍事中女性貢獻遭抹消的問題。她們也批判工業遺址與女工所面臨的「雙重抹煞」：首先，當工業場域失去功能後，相關歷史往往遭到淨化或只強調男性工人；其次，女性經驗再次被忽視。她們主張以世俗化的方式，重新命名女工下葬之處，並挑戰以民間信仰爲主的詮釋權。女權會的女性主義行動者與逝去年輕女性的關係，和家屬與逝者之間的關係不同。女權會的參與，代表紀念死者的尺度從個人、家庭，上升到城市、國家、全球層級，運動的目標和思想都是從全球角度來構思，其方向與宣傳路線上都具有跨國性質。

高雄市政府（國家）在整個改建過程中的立場與論述，則爲我們展現了第三重宇宙。高雄市政府旨在將這些女工的意外事故，納入都市再生、經濟發展，以及塑造現代進步形象的脈絡中。他們定調女工爲「世俗化的勞動烈士」與工業意外的受害者，並決定要將原本的二十五淑女墓世俗化，改建爲現代化的紀念公園。此歷史建構呼應了城市在後工業轉型過程中，著力於文化產業與觀光活動的需求，使該紀念場所成爲「文化遺產」地點，宣揚一種特定版本的城市過往。

政府因此積極推動「除魅」（去除鬧鬼意象），將傳統祭拜儀式改爲世俗的紀念活動，並在國際工殤日（International Workers' Memorial Day）進行春祭儀式，展現追求現代化與世俗化的治理方針。在與女工家屬協商時，是不同宇宙觀直接碰撞的時刻，作者用了「拔河」的隱喻，並讓居中協調的政府官員林先生現身，讓我們看到即使林先生誠意萬分，也能站在同理與理解民間的宇宙觀的角度來斡旋，但不同的宇宙觀要互相「對話」仍然困難重重。雖然過程中確實曾與家屬協商，最後仍以「現代市民新意識」爲優先，行使國家在空間治理上的權力，並基於土地使用的考量來決定園區改建的方針。官方標示牌與銘文多以世俗敍事的「勞動貢獻」與政府價値爲主，家屬的心聲則被認爲不恰當。當文化的多重宇宙不再平行而要相互直面並磋商融合時，權力關係的議題就現身而出。例如一間鄰近墓地的卡拉OK曾被外界批評對亡者不敬，但該業者長年協助清理墓園並奉上鮮花，反而獲得部分家屬的感謝。這顯示在官方與改革者的論述之外，基層民衆對紀念方式有不同看法，隱含在地文化、階級、權力之間的張力。

＊
＊
＊

李安如以旗津女工的意外事故，深刻剖析了後工業台灣的集體記憶如何被重新塑造。透過對墓地改造討論的田野紀錄，她展示不同群體如何「再書寫」歷史，爲這片空間賦予新的意涵，以符合各自對遺產與現代性的想像。在台灣從工業社會轉型爲後工業社會的過程中，這些有關記憶與空間的角力凸顯歷史並非僅屬過去，而是服務於當下社會需求的動態過程。勞動女性紀念公園是一處實體場域，不同群體對過往的詮釋在此交鋒並彼此重疊。罹難者家屬注重亡靈與家庭義務的精神史觀，女性主義者強調勞動史與性別平等，政府則側重工業史、都市現代化與世俗治理。圍繞該場域的命名、設計與功能所引發的爭議，凸顯了後工業台灣的「記憶政治」與「幽靈在場政治」：過去並非靜止不變，而是在不同社會、政治與文化目標中不斷被協商、重塑與利用。

幽魂既指亡靈傳說，也是社會中未竟、未說、未被看見之事的象徵。本書觸及了空間正義的議題：在墓地轉型爲公園的過程中，誰的觀點被凸顯，誰的聲音遭忽略？在文化的多重宇宙中尋找對話的可能，是地方創生面臨的重要課題。《女工之死》帶領我們看見，即使在追求現代化與世俗化的強大論述之下，傳統文化宇宙中的鬼魂依然揮之不去。這些幽魂之所以縈繞不去，不僅因爲祂們在某些文化宇宙中確實存在，更因爲祂們代表著被主流敍事排除在外的聲音與記憶。書中呈現的三重宇宙——傳統漢人文化、女性主義與國家現代化——各自帶著不同的時間觀與空間觀，編織出一段關於城市歷史如何被記憶、被敍述與被重塑的複雜故事。這些宇宙通常平行存在，但當它們因故（如「二十五淑女墓」的改建）相遇、碰撞與妥協時，我們就見證了一場關於歷史詮釋權的深刻辯證，也看見了城市空間作爲文化戰場的意義。

闔上本書，我想起了我的田野過程中工廠鬧鬼那刻的情景。那時候的工廠亂糟糟的，但卻是工人們彼此之間交談互動最熱絡的一段時光。鬼彷佛戳破了原本被資本主義宰制的空間，摧毀了被勞雇關係控制的日常節奏，賦予了工人們活力，在這個理性、科學與現代性都無法解釋的宇宙裡，他們用最自在的姿態，最熟悉的語言，彼此發聲與溝通。當他們在餐桌上詢問熟識的工人「你昨天看到鬼了嗎？」，旁邊原本不認識的工人也忍不住來搭話，一下子就七嘴八舌，又害怕又帶點半開玩笑的熱鬧，一反原本工廠食堂裡常見的冷清與隱隱的憤怒（飯菜太難吃所以憤怒）。那些時刻，我總在想，鬼的現身，到底是堅固了文化的多重宇宙的壁壘，還是帶來了融合的片刻？

致謝

首先，我要謝謝國立中山大學社會學系的朋友與同仁。我有幸在二〇〇九年秋季與二〇一二年冬季擔任訪問學者，期間備感榮幸與愉快。特別感謝王宏仁、陳美華、唐文慧、鄭力軒、陳俊霖、林伊辰與李柏萱。我珍惜他們的熱情款待、學術啟發，以及我們共度的美好時光！唐文慧教授向我介紹了「旗津二十五淑女墓」的故事，之後我們一起訪談了多位渡船事故罹難者的家屬。若沒有她的支持與見解，本書將無法完成。我也感謝林順發先生與許明君女士，他們以對「旗津二十五淑女墓」整建計畫的深入了解，並透過人脈與資源給予我極大的協助。同時也要謝謝國立台灣大學人類學系的林瑋嬪催生了本書中文版的出版，以及林紋沛精湛的中文翻譯。此外，若沒有左岸文化的孫德齡編輯，這本書無法順利完成，她的專業能力、對細節的用心，以及總是帶著愉快心情的工作態度，讓整個過程變得輕鬆、有趣且令人享受。我非常幸運能有她擔任我的責任編輯。

本書的英文版，*Haunted Modernities: Gender, Memory, and Placemaking in postindustrial Taiwan*，於二〇二三年由夏威夷大學出版社出版，中文版由此翻譯，並因應台灣脈絡略為

調整。我常覺得撰寫書稿致謝詞比奧斯卡頒獎致詞還要困難，這不僅是因為想要致謝的人總比有限的時間（如奧斯卡）或篇幅（如學術出版）所容許的多出許多。更重要的是，學術工作的本質往往使人無時無刻、全神貫注於自己的研究。多年來，「旗津二十五淑女墓」不僅有意識地成為我與訪談對象對話的主軸，更常常不經意地進入我與學界同儕、朋友、家人的交談之中，甚至成為熟識或初識朋友的討論話題。我對於自己無法一一在此點名致謝，深感抱歉，希望藉由本書中文版的出版，向中文世界曾在這段知識旅程中啟發、陪伴與支持我的人，致上誠摯的感謝，正是這些力量促成了本書的完成。

前言　經過媒介的記憶、人人爭奪的空間

瀰漫於過往時日的氣息不也有幾許仍輕拂著我們嗎？充斥耳邊的話音裡，不也迴蕩著現已無語者的回音嗎？我們追求的女子難道不擁有她們已模糊不辨的姊妹嗎？如果確是如此，那麼歷代先人和今日世代之間便有祕而不宣的約定，世間早已預料到了我們的降臨。於是就和之前的世世代代一樣，我們也被賦予了微弱的救世之力，過去在其中自有一定份量。

——華特・班雅明（Walter Benjamin），〈論歷史的概念〉[1]

行經旗津的主幹道，二十五淑女墓就坐落在道路一旁。一九七三年，二十五名未婚女性勞工在前往高雄加工出口區上班途中因渡船事故溺斃，集體埋骨於此。在漢人父系家族制度的脈絡下，女性尚未結婚就過世，沒有夫家的祖先牌位能讓她們安息九泉，於是成了眾人避忌的對象。她們化爲無家可歸的孤魂野鬼，可能因而心懷怨恨，這樣的想法口耳相傳，讓二十五淑女墓顯得有些可怕，經過者往往避而遠之。當地甚至流傳，年輕男子夜裡

不應獨自一人騎機車經過二十五淑女墓，否則可能會撞見想要找個丈夫的女鬼。二〇〇八年，距離渡船悲劇事故三十五年以後，高雄市政府在當地女性主義社群的呼籲下整修了二十五淑女墓，改建後的墓地命名為「勞動女性紀念公園」。渡船事件罹難者一開始到底為什麼要合葬？這麼多年過去之後，為什麼還要挖出她們的遺骨，大費周章整修她們的安息之地？她們的生與死如何影響身邊的人？她們周遭的社群如何形成對死者的共同記憶？這些記憶與過去、現在、未來如何連結？

我最早是在二〇〇八年聽說二十五淑女墓的故事，當時是中山大學社會學系的唐文慧教授告訴我的。唐教授是高雄市女性權益促進會（簡稱女權會）的成員，這個女性主義團體大力推動二十五淑女墓的整修及改名，唐教授本人也是淑女墓去汙名化的重要推手。我後來又發現，早在國家和女權會介入之前，罹難者家屬就已主動著手改變大家對逝去女性的觀感，藉以改善已逝親人與生者的關係、照顧在世家人的福祉，這讓本來就對這個故事好奇的我因此更加感到興趣。過世女性的父母怨嘆自己沒幫女兒找到丈夫，未能善盡親職，又可憐女兒的魂魄無家可歸，於是轉向民間信仰的神明尋求指引。他們找上乩童，乩童告訴他們，過世的女兒如今是觀音菩薩身旁的侍女。因此這些女性不再是孤魂野鬼，而是即將登仙成神的悟道者。乩童還建議父母為在渡船事故中喪生的女兒裝金身，以合乎她們的神聖地位，接下來還可以將金身迎入家門，讓家人在家中祭拜，因為她們不再是必須拒之門外的未婚女兒的鬼魂，而是地位崇高的神明。

這些父母爲了改變亡女死後地位所走上的道路深深勾起我的興趣。之前研究全球資本主義擴張和台灣父系家族之間的互動關係時，我最好奇的，是兼具勞工、女兒、妻子、媳婦、母親等各種身分的女性，如何在種種強大的結構性限制下找到能動性（agency）。[2]在二十五淑女墓的案例裡，父母的行動似乎是個好例子，說明文化實踐的多聲性（polyvocal nature）如何讓被約制者有能力顛覆制約他們的制度，同時仍然符合制度中根深柢固的文化期望。不過這種顛覆與順服矛盾共存的狀態，也成了女性主義運動者團結發聲的著力點。父母掛念女兒年紀輕輕尚未婚嫁卻已香消玉殞，因此設法爲女兒的死後身分另做安排；無獨有偶，女性主義的批評與運動也將焦點放在通俗文化及民間宗教對於死者未婚女性身分的看法。但令人在意的是，整修二十五淑女墓時，女性主義者的論述被凸顯，而罹難者家屬的關切則被淡化，在這個過程中浮現了二元區別：一邊主張以世俗的公民方式紀念女性勞工，另一邊則希望以民俗儀式安撫躁動不安的未婚女鬼，而前者明顯被賦予了更高的價值。墓地最後改建成勞動女性紀念公園，讓人想起歷史學家皮埃爾・諾拉（Pierre Nora）提出的「記憶之場」（*lieu de memoire*），紀念場所宣揚官方歷史的同時，也抹去了在地社群處理過去之道。追求現代性的過程中，陰魂縈繞之地一再遭到除魅。[3]

一九七〇年代船難事故發生時，台灣經濟尚以製造業爲主，到了二十一世紀初，台灣已邁入後工業時代，這些逝去女性的合葬地被改建成勞動女性紀念公園。《女工之死》探討後工業時代台灣女性勞工角色的公共敘事轉變，書中論及宗教人類學、「鬧鬼」（haunting）與幽靈研究（spectral studies）、女性勞動史、記憶與紀念、城市研究與地方創生（placemaking）等議題，由此剖析歷史、集體情感、記憶公共表達的本質。這些面向在之前的文獻中多半分開討論，本書則是以二十五淑女墓的故事爲軸心，焦點放在這些原本各自獨立的領域如何相互關連、彼此交織。原文書名《Haunted Modernities》（鬧鬼的現代性）旨在傳達台灣社會中生者與逝者關係的交流性。傳統觀念認爲，逝去的年輕女性可能會以各種方式干擾生者或「作祟」，我分析這些想法，同時進一步說明進入後工業社會、工廠不再是主要工作機會來源之後，女性勞工的形象經歷了何種想像、概念化、理解與傳播。

有三股力量直接參與了旗津二十五淑女墓的改造：罹難女性的家屬、台灣女性主義團體（尤其是高雄女權會），以及身爲國家行動者的高雄市政府，三方各自體現了某一種生者與逝者的關係。罹難者父母爲了斷開逝去女兒未婚身分與女鬼的連結，他們尋求台灣民間宗教的力量，將女兒的死後地位從女鬼提升爲神明。與此相對，高雄的女性主義團體努力消除未婚女鬼的汙名，她們組織社會運動，宣傳死去的女性是工業勞動力的寶貴一分子，曾經爲國家經濟發展做出重要貢獻；女性主義團體同時也呼籲國家改善合葬地的環境，紀念她們的付出。女性主義團體志在驅除年輕女性的幽靈，矯正父系家族制度重男輕女的差別待遇，實現更公平的社會。高雄是台灣的工業重鎮，不久以前更是世界級的貨櫃港。但在全球經濟環境變遷之下，台灣不再是全球製造業的核心基地，而擔起了工業資本輸出國的新角色，高雄這座城市的命運也隨之轉變。進入二十一世紀，台灣出口重心已趨於成熟與專業化，高雄的城市經濟無法再依賴傳統產業部門。於是高雄市政府響應女性主義者紀念罹難者的號召，將旗津船難二十五位罹難女性的墓地改造成適合遊憩的紀念公園，成爲城市後工業大改造計畫的一環。這個脈絡將死去年輕勞工的鬼魂轉變成新象徵，代表高雄前瞻進步的新身分。

誠如地理學家大衛・哈維（David Harvey）所言，資本主義的歷史是由一連串劇烈的空間重組階段所構成，在這些階段中，舊空間不斷遭到貶值與重建，新空間接連誕生，代表資本積累的新模式、新階段。[4] 然而空間也體現了記憶，它是情感、形象和思想的實體表現，因此特定場所可以經過塑造，成爲有意義的空間。城市空間——尤其是空間布置與使用的方式——會產生一定的政治和文化影響。同樣地，工作、勞動或經濟生產固然是一種資本主義積累的形式，但勞動模式的改變不只涉及經濟，更牽涉到經濟轉型中人群和社群的社會生產、人造環境的改變，以及文化和認同政治。以二十五淑女墓改造爲例，各方提出自己對合葬地的規畫，同時也等於在打造特定的歷史敘述，將這片「工業廢墟」改造成高雄後工業環境中不同版本的「遺產」（heritage）。但是各種版本的遺產並不以過去爲主角，過去只是個起點；重點在於運用過去，實際投入紀念行動（不論是以集體或個人身分），創造理解現在的新方式。遺產在這個過程的功能不僅止於提供歸屬感的實體參照點或地理記憶感，遺產更成了文化工具或文化道具，被「國家、社會、社群、個人用來表達、提升與建構認同感、自我感，以及歸屬感」，在援引「地理場所的力量」時特別強調其代表性意義，好替這些情感與表達方式賦予實在感。[5]

儘管參與旗津二十五淑女墓改造的各方對鬼魂看法不同，但大家都對二十五名少女的不幸早逝深表同情，也善加利用此同情心來實現目標。二十五淑女墓背後的故事深深挑起上述各方及社會大眾的情緒，箇中原因可以用「工業的情感結構」（industrial structure of feeling）概念來加以解釋。所謂「工業的情感結構」指的是奠基於日常經驗與身體存在的情緒、想法和感受，這些感受又進而影響及建構了勞工和勞工社群的生活方式。[6]《女工之死》認爲，年輕、新手的女性勞工踏入工廠的同時，也開創了新的安排日常生活的方式，爲她們的家庭迎來嶄新的日常體驗。因此，失去已經開始工作的女兒，不只造成家屬經濟和情感上的損失，也破壞了他們心中的意義感和連續性。終極而言，不論有無可以投入勞動的身體，「女性勞工」都可以成爲重要的意符。女性勞工在現實生活以及理論層次的重要性，體現在兩大相互關連的面向上。第一，女性勞工的經濟貢獻並不總是來自於其生產性的角色，她們也透過作爲後工業時代文化主導型城市經濟中的象徵性符碼，協助創造象徵資本，從而產生影響。第二，正如前文所述，女性勞工之所以成爲象徵性符碼，不只是因爲她們的經濟貢獻，更是因爲這種生產活動塑造了新的社會生活方式，也打造出一種情感結構與集體認同感。

本書架構

《女工之死》著重討論親屬關係的力量，以及在多變的城市和全球經濟中，其與勞動和超自然信仰體系的連結。本書同時加入關於「鬧鬼」與記憶是如何交互作用的討論，也探討鬼魂顯靈如何能將失落、剝奪、遺憾、悔恨、不公不義等複雜的情感與經歷，注入紀念館、紀念碑和日常生活的語彙之中。[7] 全書分爲三部，包含八個章節。

第一部「緣起：逝去之人」共有兩章。第一章〈女工之死〉，開頭先娓娓道來奪走二十五名年輕女性生命的渡船事故以及悲劇事件的後續處理。本章建立出一個概念框架，幫助讀者理解記憶的政治和「鬧鬼」的政治，觀察各方勢力如何運用不同紀念方式來支持自己的目的——有的人想要彌補橫死，有的人想要推動女性主義議題，有的人希望提升高雄在國內外的政治地位和經濟發展。第二章〈舉足輕重的小人物〉引入「工業的情感結構」概念，將焦點放在當時處於出口導向工業經濟顚峰期的台灣，如何動員工業的情感結構的相關情緒，創造出適於資本積累的主體和實踐。之後也正是這種情感結構，讓罹難者家屬和整體社會對二十五名渡船事故罹難者帶有且懼且悲的複雜情緒，也讓他們感到必須爲這二十五名女性爭取尊重的對待。

第二部「鬼魂地景」包含四章，以民族誌的形式，解讀二十五淑女墓的記憶地景（memoryscape），是如何與地方、國家甚或全球等紀念尺度緊密相連，以及這種地方的記憶實踐在同一尺度之內與不同尺度之間引發何種爭論。

第三章和第四章分別討論了讓逝者融入整體社會的兩種不同方法。第三章〈孝順的女兒、虔敬的鬼魂〉以「工業的情感結構」概念，深入討論二十五位逝去女性的家庭、她們生活的社區、逝者家屬遵從的文化規範，以及家屬對於已故女兒或姊妹的情感——這些情感未必與他們心中認同、對先人和後人的義務互相契合。他們盡力彌補逝者的死後福祉，動機有三：處理文化認定的橫死；恢復罹難者家屬內心世界和現世社會關係的安寧；將躁動的逝者重新納入井然有序的社群，讓她們好好安息。第四章〈溫順女性、勞工英雌〉探討女性主義運動者如何策畫社會運動以及建構公共論述。逝者家屬基本上將渡船事故的罹難者視爲家族群體與在地社區一員，女性主義者則明確訴諸另一種定位，將罹難者及其家庭與更廣大的社會連結。她們巧妙訴諸勞工權利與性別平等的全球論述，主張逝去的二十五條生命關係到台灣的現代性與高雄在全球城市文明中的排名高低。女性主義者的介入展現了紀念之舉的尺度變化與實質轉變，從個人與家庭層級轉變成國家與全球層級。逝去女性的鬼魂不再是需要安撫、使之重新融入生者秩序的對象，她們成了除魅與超越的目標。

第五章〈藍領工業城市、藍色海洋首都〉分析國家行動者身為旗津二十五淑女墓整建案仲裁者的角色與定位。二十五淑女墓整建案被視為高雄透過重新包裝歷史、再造城市全面計畫的一環。記憶的架構依附於「遺產」之上，「遺產」凍結了歷史，從而侷限了二十五淑女墓（或改造後的勞動女性紀念公園）這類歷史觀光景點詮釋與表現的可能方向。在改造過程中，作為過去之有形遺跡的墓地被重新塑造成歷史事件的實際痕跡，協助將城市（高雄）打造成想像的共同體，進而代表國家（台灣）。

第六章〈超自然存在、現代化國家〉探討國家與罹難者者家屬之間的爭執、衝突與妥協。未婚而逝的年輕女性面臨多重的流離失所，不論是在社會的性別秩序還是家族的世系框架裡都缺乏一席之地，因此在各種無法安息的逝者之中，一般認為未婚年輕女性擁有特別強大的力量與潛在的破壞力。儘管國家可以盡都市計畫和政策制訂之能，精心安排、規範、照顧人民的生活，但鬼魂無需理會現代國家的邏輯，不會任統治者用同一套方法擺布祂們。勞動女性紀念公園整建案的設計，融入了各方為安撫逝者、生者與世俗政治勢力而達成的最終協議和妥協，包括在世家屬及現代化國家延續與陰間逝者維持關係的傳統，以及這些行動者後續採取的行動。

紀念是包含不斷創造與再造的文化過程。第三部「來世」追蹤紀念公園竣工後不停演變的各式再現，及其價值與意義的持續發展。第七章〈紀念的延續與超越〉聚焦討論兩項全國性的女性主義運動：性別平等教育運動及文化習俗改革。兩者都代表建立制度框架，以鼓勵關於性別與性的對話與實踐。二十五淑女墓與埋骨其中的女性成爲國家認可的性別平等教育教材之一，也是重男輕女喪葬習俗的一例，在整體女性主義運動的浪潮下，紀念的過程不停演變，也讓淑女墓與二十五名逝去女性走向了全新的來世。

記憶從來都不只關乎過去，記憶的建構始終是面向未來的過程。結語〈未來的現在、未來的過去〉統整各章主題，凸顯貫穿全書的核心思想，強調記憶和紀念的空間性與時間性，分析不同表現形式的「鬧鬼」，是如何在空間上、時間上中介生者與逝者的關係，並將之概念化。

第一部　緣起：逝去之人

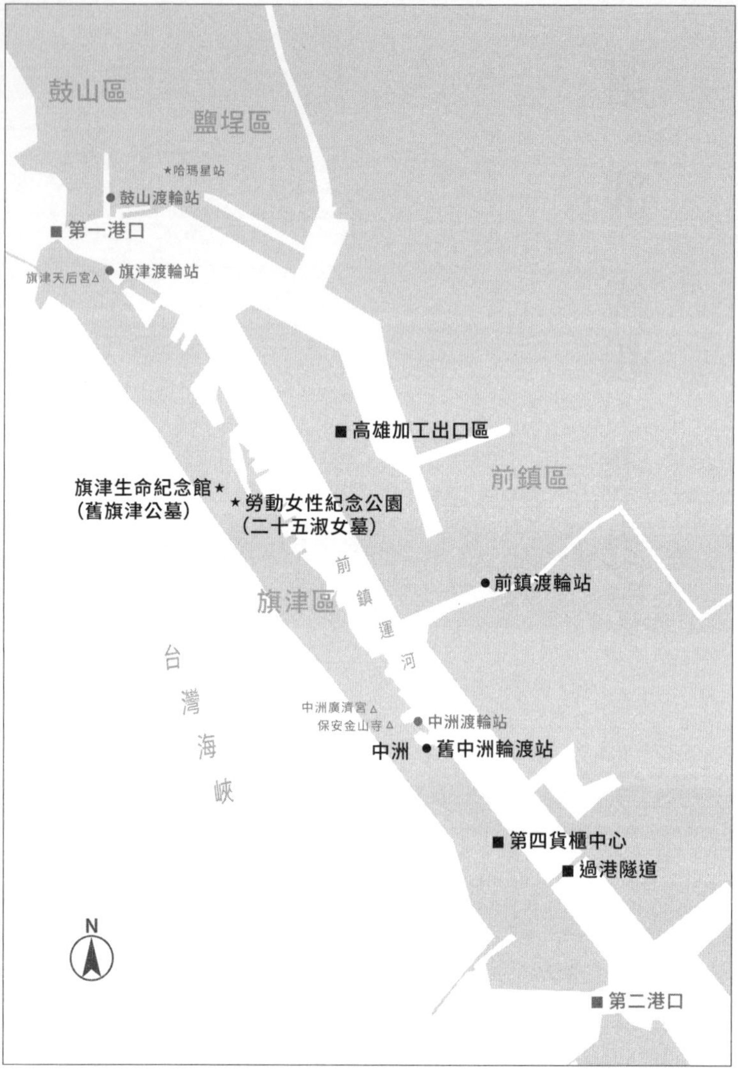

旗津地圖與與書中主要地點。EDO繪製。

第一章　女工之死

高雄，南台灣最大的城市，是台灣工業的重鎮，也是世界級的港口。本書舞台之一的高雄加工出口區是世界上第一個加工出口區，設立於一九六〇年代，如同其他後來設立的加工出口區，目的在於提供誘因、減少阻礙，吸引外商投資生產出口導向的產品。加工出口區確實是促進台灣在二次世界大戰後經濟發展的關鍵，後來也成爲其他開發中國家效法的全球模式。

旗津原本是和高雄市區相連的半島。一九六七年，高雄港第二港口擴建工程把陸地截斷，旗津變成了孤立小島，過港隧道完工之前，居民多年來只能依靠民營渡船往返於旗津和高雄市區之間。渡船是旗津居民生活生計的命脈，然而當年的渡船設備非常簡陋，政府監管也相當鬆散。舉例來說，渡船作業完全仰賴船上工作人員的經驗與技術，每艘渡船通常只會配置最低限度的兩名人力：一位是船長，負責掌舵，確保引擎正常運作；另一名是船員，負責所有庶務，像是在船靠岸或離岸時繫緊或鬆開拴在繫船柱上的纜繩、招呼乘客從只有一公尺寬的狹窄木板上船、上船後該站在哪裡，還要指揮乘客應該把帶上船的行李、機車擺在哪裡。對船員來說，任務的艱鉅在於他要一邊維持渡船平衡，一邊又要儘量多塞點人上船，這麼做勢必會造成船隻不斷地左搖右晃，引起乘客不安與害怕。當然，可能也會有人覺得這樣的情況很刺激。

一九七三年九月三日，天色亮起，又是平凡的一天，高雄港水域風平浪靜。一大清早，旗津中洲村碼頭的渡船已經擠滿各式各樣的乘客，跟平常一樣準備前往對岸上工。街頭路邊攤老闆、沿街叫賣的小販，還有辦公室職員和工廠工人，有人帶著一籃籃漁獲、一大堆商品，有人牽著腳踏車、機車，爭相擠進船艙內外的狹窄空間。渡船上已經滿到沒地方可站了，但是要到高雄加工出口區上班的年輕女性還是焦急地想擠上船。她們遲到不起，遲到就領不到「全勤獎金」，這筆錢可是占了她們月薪的一大部分！結果，當引擎終於發動時，依規定最多只能載十來個乘客的渡船，硬是塞進了七十幾個人。

起初似乎一切正常。然而船長很快發現船身出現破洞，船隻正在進水。船長試著加速，但是超載的船隻搖晃得非常厲害，只能笨重地緩慢前進。等到渡船終於快要抵達對岸前鎮的碼頭，船長急忙拋出纜繩、把船綁上繫船柱，示意乘客疏散，場面瞬間瘋狂大亂。站在甲板上的人非常幸運，馬上就下了船；其他人則沒那麼好運，尤其是在船艙裡的人，他們必須穿越重重障礙，除了人潮，他們還得擠過堆放在船上的其他貨物、機車、腳踏車，才終於能逃離持續進水的船隻。大家都往同一個方向擠的結果，導致渡船傾斜，扯掉了繫船柱。渡船失去平衡，頓時翻覆。儘管離岸不遠、儘管中洲本是漁村，但不是人人都識水性，會游泳的女性更是不多。剎時間，四處都是落水的乘客，海面上驚恐呼救聲此起彼落。前鎮碼頭邊立刻有民眾跳進海裡救人，中洲這岸的人也注意到對岸出事了。有些人立刻加入救援工作，有些人則跑去通知可能有家人搭上翻覆渡船的家庭。現場一片混亂，警車、救護車、急救人員、熱心民眾忙碌穿梭，伴隨著一陣陣家屬悲痛地哭喊，與心急如焚地焦急拜託。

一切轉眼結束，翻覆的船隻在短短幾分鐘內沉入大海，海面恢復往日的平靜。儘管救援人員成功救起大部分落水的乘客，但仍來不及救出困在船艙深處的人，最後總計四十六名乘客獲救，二十五名乘客喪生——獲救者有老有少、有男有女，有單身者也有已婚者；喪生者則全都是未婚年輕女性，最小的十三歲，年長的也僅三十歲。

二〇一三年冬天，我和中山大學社會學系唐文慧教授一起走訪中洲碼頭，距離當年悲劇發生的日子已經過了四十年。我和唐教授在碼頭邊一家海產店吃午餐，跟老闆莊先生聊天。莊先生六十多歲，渡船事故發生時他年方二十六。當年他才從漁夫轉行當油漆商，那天早上差點就搭上了那艘奪命渡船，不過他被船長揮揮手趕走，船上已經太擠了。莊先生告訴我們，他站在岸邊等下一班渡船，看見自己本來要搭的那艘船翻了。跟岸上其他人一樣，他立刻跳入水中救人，也成功救起三名女孩。「船沉得太快了，困在船艙裡的人幾乎根本沒有逃生的機會。」他說。我們問莊先生，船難發生之後，還有沒有跟那天他救起來的三個女孩子保持聯絡，莊先生說現在沒有了。事隔多年，大家又繼續過著自己的日子。但是他還是會在旗津街上看到她們，偶爾她們也會從他的餐廳前經過。其中一位他救起來的女孩和當地人結婚，繼續在從小長大的社區生活。中洲是個小村莊，居民彼此都是鄰居、朋友、同學、親戚。因此，儘管莊先生並不認識每位罹難者，但是或多或少還是知道在渡船事故中喪女的家庭。許多年輕女孩彼此也是同在加工出口區工作的同事。毋庸置疑，正是這種錯綜複雜的社會關係網，讓二十五名年輕女性之死充滿悲劇性，村裡大部分的人都直接或間接受到衝擊。

後來發現，渡船出事當天，船上只有船長一名工作人員。沒多久又有目擊者指出，翻覆的船隻可能在駛離中洲碼頭之前就已經開始進水；調查後也很快發現船長根本沒有駕船執照，渡船上也沒有救生設備。旗津前鎮間渡船服務的主管機關是高雄港務局，隸屬於交通部。事實上，在事故發生前不久，船隻才剛通過安全檢查，可見高雄港務局怠忽職守，沒有盡到保護乘客安全的責任。渡船事故的後續處理揭發許多弊端，高雄市政府於是介入協調，協助解決撫卹賠償問題。後來家屬決定將罹難者合葬，市政府也幫忙找到一塊大小足以容納二十五位逝者的墓地，也就是後來我們所知二十五淑女墓。至於往來交通方面，船難發生後，爲了妥善照顧旗津的交通需求，政府動工興建高雄港過港隧道，並於一九八四年正式開放通車。一九八八年，高雄港計畫再次擴建，政府徵收了中洲村包括二十五淑女墓所在位置的土地，二十五淑女墓因此遷葬至現在臨著台灣海峽、旗津三路上的新址。墓地原址位於旗津中洲偏僻一角，不是外地人會經過的地方。與此相比，墓地新址位於旗津主要道路，眺望台灣海峽，坐擁海洋與海岸美景。

雖然罹難者家屬仍持續哀悼親人的逝去，但就如海產店莊先生跟我們聊天時提到的，高雄這個城市似乎已經從傷痛中恢復，繼續向前邁進。台灣經濟轉型之後，需要天天通勤到高雄加工出口區上班的女工人數隨之減少，中洲村碼頭服務的乘客數量也不若以往。需要到高雄市區的居民多改走過港隧道，或搭乘現在大家所熟知、行船於鼓山渡輪站與旗津天后宮附近的渡船頭之間，由高雄市政府經營的公營渡輪。公營渡輪使用的船隻較大，也較安全，同時，公營渡輪碼頭位於旗津島另一端，離高雄市區較近。二十五淑女墓多年來靜靜矗立在旗津路邊，安靜、低調、不受遊客矚目，反映了安息於此的年輕女性墓主短暫樸實的一生。然而，墓地的靜謐氛圍並不是來自大家的敬重或淡忘。傳統文化忌諱沒有夫家祠堂可以安息的未婚女鬼，這種觀念讓淑女墓顯得有些陰森，一般人往往避而遠之。

這種汙名化觀感讓旗津二十五淑女墓引起在地社運人士注意，高雄市女性權益促進會於二〇〇四年開始發起倡議行動。女權會成員的行動主義（activism）源自女性主義關懷，[1]她們批判台灣的父權社會制度，努力挑戰不平等的性別關係，因此她們積極敦促高雄市政府爲二十五淑女墓更名，去除未婚女鬼揹負的汙名。女權會希望墓地的名稱能夠反映這些年輕女性生前對於經濟生產的貢獻，也要求市政府能夠整修墓地。一開始，高雄市政府並沒有回應女權會的呼籲，不過在女權會成員的堅持努力下，二〇〇八年，渡船事故的三十五年後、淑女墓遷至旗津路新址的二十年後，高雄市政府接受女性主義者的意見，將二十五淑女墓整理翻修，並重新命名爲「勞動女性紀念公園」。

除此之外，紀念公園落成後，市政府也在每年四月二十八日的國際工殤日前後舉辦春祭典禮，紀念工安職災傷亡者。剛開始會參加典禮的主要是高雄市長、市府職員、二十五名逝去女性的家屬，以及工會和女權團體代表，後來當地國中小學的師生也受邀與會，學生們演奏樂器、表演舞蹈，參加紀念儀式的各種活動。幾年下來，參與人數愈來愈多、組成愈來愈多元，一年一度的春祭似乎開始擁有新的面貌與新的意義，紀念過去船難的色彩逐漸淡化，重要的是讓大家有機會享受紀念公園的公共空間，想像城市蛻變成重視勞工權益與性別平等、開明進步的大都會。

鬼魂、工業廢墟、記憶的物質性

第一次聽說旗津二十五淑女墓的時候，我剛結束一個台灣工業發展與女性勞動力的研究，這個研究主要著眼於台灣經濟結構重整後，資本外流與去工業化對台灣工業腹地女性勞工的影響，[2]接下來正準備將研究焦點轉向後工業城市如何作爲全球經濟最新的資本積累地點。那時我在高雄進行民族誌田野調查，研究新自由主義經濟轉型以及同時施行的地方創生經濟策略（entrepreneurial placemaking strategy），如何改變高雄城市的地景與建築環境。當中山大學唐教授說起高雄女權會對二十五淑女墓改造所做的努力，淑女墓的故事立刻勾起我的好奇心。把整座墓地徹頭徹尾改造成公園，無疑是高雄市地方創生的一環。但是二十五淑女墓不只是單純需要改造門面的地方，它的特殊性在於它是二十五位未婚女性勞工的合葬地。逝者是未婚年輕女性，也是工廠勞工，她們的雙重身分讓二十五淑女墓開啟了民間文化宗教信仰與現代空間治理原則對話的可能性。

人類學家武雅士（Arthur Wolf）的經典文章〈神明、鬼魂、祖先〉（Gods, Ghosts, and Ancestors）認爲，台灣漢人民間宗教的多神世界裡有神明、鬼魂和祖先三種存在，貼切反映出人間社會：神明是官員，代表皇帝和帝國，是公權力的象徵；祖先是父系家族的長輩，代表家族；鬼魂是陌生人或外人，人們會忌憚、但也鄙視祂們。[3]性別是這個宇宙的關鍵要素之一。兒子生來就是父系家族的一員，有資格在父親的祖先供桌上占有一席之地，死後自然成爲祖先，但是女兒沒有這種特權。從父母的觀點來看，女兒只是父系家族裡的暫時成員，終將成爲外人。因此，婚姻制度對女性格外重要，是女性前往她在漢人親屬制度中最終位置的象徵與通道，[4] 儘管這仍然是個從屬於男性的位置。一般情況下，女性要透過婚姻才能被丈夫的家庭接納，永久成爲夫家的家族成員。[5] 因此女性如果尚未結婚就死於非命，又沒有經過適當的禮俗祭拜，就有可能變成無家可歸的鬼魂。[6] 婚姻也讓男男女女有機會生兒育女、延續家族，即使到了今天，仍然有相當比例的人會將沒有後代視爲不孝。就經濟角度來說，婚姻還帶來一定的財務支持和社會保障，此對女性尤然；當代仍有不少人認爲男性應該負責養家，男性也擔起了家中經濟支柱的角色。宗教、精神面加上經濟、物質面，種種考量讓一代又一代的台灣父母無不急著爲兒女尋找良緣佳配，這是爲人父母的重責大任。

在上述種種文化觀念的影響下，安葬二十五名未婚女性勞工的淑女墓被視爲無處可歸的鬼魂聚集之地。同時，從經濟地理的角度來看，旗津二十五淑女墓也可比擬爲鬼魂縈繞的「工業廢墟」(industrial ruin)。「工業廢墟」一詞本是用來描述資本主義地理變化下荒廢的工業遺址，[7] 作爲一處已經停止運作的、荒廢的邊緣地景，工業廢墟削弱了場所中空間配置、法規執行、依規行事等種種秩序的管理規範。這些空間因此成爲「將城市實踐的詮釋從日常束縛中解放」之地，進一步來說，這也提供了機會，讓大家「挑戰與重構烙印在城市的權力印記」。[8]

旗津二十五淑女墓恰恰類似擁有雙重意義的工業廢墟。一來，二十五淑女墓是「勞工」

的合葬地，可說是某種意義上的廢墟，因爲勞工的死亡似乎象徵了高雄從工業化港口城市到後工業城市地位上的轉變；在此，地方創生是復興高雄後工業城市經濟的主要策略。從另一個角度來說，「墓地」也是一種廢墟，因爲它雖然是日常生活世界、城市地景的一部分，卻是已經不再**活躍**的那個部分。墓地通常位於城市邊緣，由管理人員負責維護，除了家屬掃墓，只偶爾會有路人無意間踏入。城市的日常運作基本上繞開了墓地，墓地並不屬於城市的有效迴路與生產結構之中。[9]因此，墓地好比廢墟，喪失了立即的功能或意義，但又保留了引人聯想、不穩定的發聲潛力——埋骨長眠的墓主不用再遵守世俗的規則，祂的發聲因而得以更加有力。[10]凡夫塵世的安寧往往有賴冥界願意相安無事。逝者可以顯靈擾亂生者，儘管顯靈的方式未必確切，也未必一目瞭然。逝者有話要說，只是未必是直接告訴生者。逝者的聲音往往是靜默之聲，或是經過他人層層轉述；逝者的訊息需要解密，這讓墓地擁有了曖昧的性質。墓地介於生者與冥界之間，這樣的中間位置（in-between status）使得墓地也是閾限狀態（liminality）之地。改造這類場所必然會凸顯中介（mediation）的問題，過程中固然會有爭執，但也蘊含了踰越（transgressive）與超越（transcendent）的豐富機會。

因此，旗津二十五淑女墓的整修提供了絕佳的研究機會，讓我們得以用工業廢墟來審視、並揶揄資本主義和國家的具象表現。二十五淑女墓的案例說明了工業廢墟如何迫使人們重新評估傳統的空間運用方式，以及工業廢墟如何能夠挑戰主流的歷史敘事。[11]

以女性史寫出勞工史

高雄女權會發起的倡議活動爭取成功，旗津二十五淑女墓順利改名爲勞動女性紀念公園，墓地褪去了陰森老舊的面貌，顯示出工業廢墟可以如何迫使人們重新評估傳統的空間運用方式。淑女墓的改名也成功地把渡船事故的女性罹難者重新塑造成具有貢獻的女性生產者，在國家經濟發展的官方論述中占據要角，挑戰了台灣社會普遍將逝者視爲未婚女鬼的看法。進一步來說，以女性主義觀點重新詮釋二十五名罹難女性的故事，不只幫助我們理解勞工意義的改變，也能說明勞工意義的改變在後工業化背景下何以更顯重要。

近年來，台灣有不少城市跟上全球趨勢，將地方創生作爲一種經濟發展的策略。過去的工業城市在去工業化的背景下，往往會設法挪用或運用本身工業歷史的元素，改造成促進觀光、吸引資本投資的景點。許多去工業化港口城市的地方創生經驗都能觀察到這種現象，不論是巴爾的摩內港（Inner Harbor）更新計畫的「節慶商場」（festival market）、倫敦碼頭區（Docklands）的開發案，還是巴塞隆納、利物浦、馬賽、紐奧良的水岸更新計畫，這些地方創生的目標大都集中在活化港口遺產與集體認同。[12]這種做法導致歷史的商業化、商品化，但也勾起了一般大眾對勞工史產生新的興趣，此一現象在英格蘭、西歐、北美的工業心臟地帶格外明顯。[13]這樣的發展看似振奮人心，卻也激起了勞工史家和勞工研究學者的危機意識。[14]一方面原因在於，以懷舊心情重新建構的歷史很少帶有反思；另一方面，以大衆消費爲目的重構的歷史無可避免會經過高度篩選，過程也普遍受到理想化與淨化。[15]

批判性的勞工研究擔心，工業遺產地的再造開發往往會導致都市歷史學者克莉斯汀・博耶（Christine Boyer）所說的「雙重抹煞」（double erasure）。[16]簡單來說，當一處地點喪失其存在的主要原因，例如不再是工業生產場所，即爲第一重抹煞；第二重抹煞則發生在建立博物館等文化場館、修復歷史空間，以及舉辦慶祝活動或紀念活動之際，地點和事件脫離了日常經驗，被置入抽象與再現的領域。不過，這類勞工研究儘管深具批判性，其焦點大部分仍放在礦坑、鋼鐵廠、汽車廠、鐵路、造船廠等地的工人階級經驗。借用都市社會學家雪倫・朱津（Sharon Zukin）的說法，這些「工業社會生命力的所在」無一不在西方傳統的工業核心區，[17]代表形象則是身懷技藝的白人男性勞力工作者。[18]不論是修復後的史跡或勞工史相關文獻，故事主角都是男性，工業敘事往往帶有鮮明的陽剛色彩，很少有故事將女性描繪成工業勞工，或是扮演凝聚職場與社區的樞紐角色（麻薩諸塞州羅爾鎮〔Lowell〕的實驗是少數例外）。[19]更重要的是，批判性勞工研究鮮少論及西方經濟體之外的工業經驗與後工業經驗，後殖民世界的能見度更是嚴重不足。

一個地方會因爲各種原因而去工業化，包括原本工人的任務被自動化作業取代、特定產品的需求下降，或是更關鍵的，生產成本過高，業主被迫另覓生產地點。儘管如此，一地的去工業化，正是另一地工業化的開始。西方跨國企業追求租稅優惠、更低廉的地價、更大量的勞工、更低的勞動成本，以及各種節約成本的策略，企業在種種因素驅使下開始將部分或全部生產轉移到海外，透過全球生產線創造全球商品鏈，並在生產線上大量雇用女工。從一九六〇年代的亞洲四小龍開始，全球工業生產中心逐漸轉移到東亞和東南亞。

這股影響早期工業國家的趨勢也在亞洲四小龍快速成長的經濟體上重現。另一方面，台灣的晚期資本主義經濟本身的歷史軌跡、複雜認同與社會文化模式，挑戰了傳統的西方工業資本主義經驗。台灣在一九五〇年代經歷了短暫的進口替代期，強調以勞力密集輕工業代替進口商品，此舉讓台灣很快就被納入全球的工業生產鏈，並成爲其中重要一環。女性勞動力從一開始就是關鍵力量。台灣的小型工廠規模差距相當大，雇用的工人人數少至數人、多至數百人，勞資關係偏向和諧而非對立。說到自己的身分時，工廠女工往往強調自己的家庭角色（尤其是女兒的角色），鮮少以工人身分自居；外界也是如此看待她們。許多女工是家庭的主要經濟支柱，這點改變了傳統性別分工，也提高了年輕女性的家庭地位，改變了她們的家庭關係及其與社會互動的模式。父母眞心感謝女兒工作賺錢，認爲她們非常孝順，因此更迫切想讓女兒未來擁有美滿的婚姻與人生。女兒的收入爲兄弟的創業計畫貢獻了起步資金，小工廠如雨後春筍般冒出，整個社區也因此更加富裕。由此觀之，台灣女性主義者呼籲以勞工角色紀念二十五淑女墓的逝者，等於開啟重要契機，讓我們寫下以女性勞工為中心的新勞工史。

除此之外，高雄女權會的努力與全球女性主義行動相契合：（重新）書寫與（重新）評價女性的歷史，這是一項爭取性別平等的政治運動。[20]在學術上，婦女史研究的重點在於將女性重新帶入歷史視野，[21]但保存女性史跡不只是為了記錄歷史，也啟發了當代的女性主義運動。[22]具體來說，拿回屬於女性的史跡，可以發展出新的歷史路線，將婦女史視為一個獨立且連貫的主題。除了豎立紀念碑、修建墓地、設立牌匾等傳統方法，也可以用更吸引人、更創新的方式，將婦女史與重要歷史文化場所（重新）連結，讓婦女史融入既有的歷史敘事。婦女史的加入也能讓歷史敘述更精確、更完整——在世界各地仍不時發生初入職場的女性工人面臨傳統工廠文化的強烈排擠，甚至遭受暴力攻擊的事件之際，這一點尤其重要。血淋淋的例子歷歷在目：一九九〇年代初，美墨邊境帶的墨西哥加工廠女工遭到大規模謀殺；[23]二十一世紀初，斯里蘭卡加入世界工廠的行列後，許多進入工廠工作的女工遭到性侵與暴力傷害；[24]還有二〇一二年，印度一名年輕女性夜晚搭公車回家，在公車上遭到毆打、輪姦和虐待，之後雖送醫，仍因傷勢過重而不治身亡。[25]由此脈絡觀之，我們絕對有義務書寫女性勞工史，或是以具有批判性的性別觀點重寫勞工史。改寫歷史有助於喚起新的意識，重新思考何謂工作、何謂勞動，挑戰遺產與歷史詮釋的主流觀點。

紀念是銘記，還是忘卻？

女性主義研究在處理紀念問題時常常強調紀念的雙重使命，一方面要紀念特定暴力下的實際罹難者，一方面也要凸顯女性所面對的結構性暴力。[26]人類學家貝琳達．李區（Belinda Leach）強調女性主義式的紀念必須擁有「行動主義的前瞻想法」，設法同時做到「永存記憶與改變未來」。[27]然而，一旦暴力事件被歸類為個人或精神疾病方面的問題，或是追悼的行為被認為是為了情感宣洩或精神淨化而舉行，此時紀念之舉往往變成「主動忘卻」的手段，而公衆亦將淪為消極的旁觀者。[28]因此，女性主義式的紀念必須能夠促使「主動銘記」，讓事件超越個人記憶、進入集體記憶。[29]社會中的每一個人都必須負起責任，正視性別暴力的結構性問題，社會才有可能改變。

然而這並非易事。女性主義設法把個人追憶轉化成集體意識，但在過程中，原本面貌清晰、具有特定受害者的事件，往往被轉化成一種象徵。也就是說，一起特定事件代表了理論上擁有共同特徵的一系列行為，因此紀念一起事件就代表紀念了所有類似的事件。對於女性主義式紀念的雙重使命來說，像這樣以一起事件代表所有事件的「標誌化」（emblemization）過程不可或缺，正是這樣的過程讓紀念之舉意義重大。[30]但矛盾的是，標誌化往往同時導致了封閉化（enclosure）的發生（也就是說，主流論述強調、進而鞏固紀念事件的某幾種詮釋，從而排除其他詮釋的可能性）。於是一切性別暴力之舉都顯得別無二致，每一位女性受害者彷彿可以互換；烙印在不同暴力事件裡的複雜認同形成與權力關係遭到淡化。[31]不只如此，就連成爲標誌的事件本身的細節，與因此喪生女性的人生故事，也都被壓縮到最小。更重要的是，標誌化不只模糊了逝者面目，也簡化了生者與逝者的關係，以及這些生者對自我的不同定位。[32]標誌化的紀念實踐——以及隨之而來對逝者的封閉化記憶——因此成了問題。這種紀念方式可能會把人銘刻在某個定位，而此一定位或許和生者相對於逝者的自我認同是衝突的，因此不是人人都能接受。於是，相當弔詭地，以女性主義方式將逝者標誌化再現，可能跟「主動忘卻」一樣，免除了大眾主動反省的責任，大眾無需反思自己與逝者的關係，也無需反思自己與奪走逝者生命的暴力行爲的關係，淪爲被動的旁觀者。[33]

將二十五淑女墓改造成勞動女性紀念公園，是女性主義運動者予以肯定的戰略行動。這是女性主義式的紀念行爲，一方面設法永久紀念死去的女性，一方面設法改變公眾對她們的觀感。這個紀念行爲的標誌化在於，逝者如今代表所有女性勞工，她們付出勞力，協助建設了二次大戰後台灣社會的集體財富。女性主義者的初衷是想強調逝者的經濟生產貢獻，同時回應根植於台灣父系家族觀念下的歧視問題，只是將二十五名逝去的年輕女性標誌化，似乎也導致社會大眾心中將上述兩項因素分離開來。新整修完成的紀念公園無疑是以肯定角度頌揚女性在工業方面的勞動力貢獻。然而，墓地從舊有的墳墓外觀蛻變成明亮潔淨的公園，這樣的形象改造也讓遊客無從回想起原本鮮明的事實：這些女性因未婚即過世而備受忌諱。公園降低了遊客對此深思反省的機會，反而易使他們感到自滿。另一方面，讓逝者成爲勞工的象徵，也無法處理父母心中的矛盾感受——他們既爲女兒還沒好好活過便不幸早逝深感悲痛，也糾結於自己必須遵守父系家族觀念下的傳統習俗。

一個關於「鬧鬼」的研究

追根究柢，死去的女性難道只能是孝順的女兒（所以是女鬼），「或」勤奮但受到剝削的工人（因此是勞工英雌）嗎？她們可以兩者皆是嗎？還是該說她們其實一直兩者皆是？就表面而言，對逝者人生的不同詮釋——連帶對二十五淑女墓未來產生的不同期望——體現了紀念的多元與多變性。進一步而言，儘管民間安撫躁動女鬼的儀式被視爲落伍又歧視女性，相較之下，以世俗的公民活動紀念女性勞工則備受女性主義運動者肯定，也是現代國家普遍採取的做法。但兩種做法其實沒有高低之分，它們只是代表了兩種知識體系，各自指向理解宇宙與世間秩序的不同途徑，提供了組織社會生活與指引社會實踐的不同方法。此外，不同社會秩序的時間帶有不同性質。[34]參與二十五淑女墓整修的各方抱持不同的宇宙秩序觀，也意味著隱含了不同的時間觀，時間觀不只影響各方行動，也說明了人們對人類能動性的看法。[35]不過，各式各樣的行動與觀點都不約而同地擔心「鬧鬼」（haunting）這個問題。

「鬧鬼」是旗津二十五位逝去女性故事的核心。鬼魂徘徊不去是欲望尚未實現的表現——其中有生者的願望，也有逝者的願望。[36]鬼魂主角既以隱喻的形式出現，也以實在方式現身。[37]爭取墓地改造的台灣女性主義者視鬼魂爲隱喻，她們提起鬼魂是爲了爭取性別平等。這種做法反映學術圈近來的「幽靈」轉向（"spectral" turn），強調「鬧鬼」可以顯露「當下的不足、過去面臨的苦難與抹煞，以及對於未來將如何處置暫時擁有的憧憬」。[38]社會哲學家德希達主張，「鬧鬼」具有歷史性，而且如影隨形跟隨著每一個霸權結構。[39]寫在蘇聯、東歐共產主義崩潰之後，德希達用幽靈這個比喻來說明全球資本主義的分散運作與影響，也批評全球化過程如何造成了某些脆弱不穩的生活環境。德希達運用「鬧鬼」的隱喻來反映令人不安、蠢蠢欲動、遭到掩埋的歷史。同樣地，社會學家艾弗里・戈登（Avery Gordon）強調，「鬧鬼」不只本身引人注意，也讓人注意到背後代表的意義，其代表的往往是失落——有時候是生命的殞落，有時候是未竟之路的遺憾。[40]德希達和戈登書寫的鬼魂都屬於遭到否認、被迫噤聲或受害之人，歷史在兩人的筆下是政治與道德籌碼，用以聲援現在的主張。[41]他們以幽靈帶來「記憶、繼承與世代的政治」。[42]鬼魂的出現擾亂了習以爲常的現實。鬼魂代表認識論的不確定性，蘊含了新的歷史想像浮現的可能。[43]終極來說，「幽靈政治」(spectropolitics)形成了蘊含改變潛力的場域，「鬧鬼」的能力與承受「鬧鬼」的意願合力喚醒社會認識歷史的集體能力，認眞面對過去的暴力和苦難。[44]整個社會於是得以想像另一種未來，徹底遠離劃分內外與社會抹煞的做法。

女性主義者努力想改變二十五淑女墓的屬性，她們的關懷核心是歷史記憶的政治，就這點來看，可以說她們的運動屬於幽靈政治學的範疇。台灣女性主義者呼籲大眾肯定二十五名年輕女性逝者的經濟角色——這是台灣被納入晚期全球資本主義的直接結果。她們以這些女性的鬼魂作爲主要象徵，抗議不應將女性的生產勞動貢獻從台灣史抹除。逝者在此象徵了歷史的不公義。女性主義運動者的行動也暗示了線性的時間想像——也就是我們常見的「進步」觀，其恰恰符合政府持續追求國家發展與經濟繁榮的努力。

然而，即使是在同一個文化傳統內，提起鬼魂或「鬧鬼」未必具有同樣的意義或效果。戈登及其他論及幽靈政治學的學者認爲，鬼魂掀起的主要是紙面上的波瀾，鬼魂的躁動不安使人想起暴力的歷史，其「不在的存在」(absent presence)吸引了我們的注意。他們強調紀念逝者是正視或平反過去不公義的方法；至於教化、行動、改變的能動性，端賴生者是否實際採取行動。與之對比，漢人的鬼魂——甚至整個東亞世界的鬼魂——絕不只是比喻上的存在。[45]本書後續章節裡，逝去的年輕女性與家人間的互動會告訴我們，比起隱喻上的幽靈，漢人鬼魂擁有更立體、能動性更強的存在。鬼魂會現身，祂們表達悲傷、展現不滿、給予恩惠，也會帶來不幸與疾病。鬼魂以直接不經中介的方式面對生者，有時咄咄逼人。[46]這裡的時間觀源自一種循環的時間感，由生、老、病、死的生命週期隱喻主宰。鬼魂之所以徘徊不去，與其說是要喚起生者爲逝者的苦難負起責任，不如說是要與生者互動，「鬧鬼」代表了生者與逝者之間個人的、且往往是訴諸本能情感的互動，逝者藉此要求生者立即做出具體的補救與安撫。

漢人的鬼魂本質上是社會的一分子，持續與生者維持互惠關係。祂們就跟陽世間的人一樣，必須滿足食、衣、住的安居需求，其冥福與物質需求的滿足息息相關。這些需求一開始由還在人世的家人供給，之後則是由父系家族的子孫後代、故舊或是願意負責的人負責照顧。「鬧鬼」發生在生者與逝者的社會性（sociality）遭到打斷或破壞、或是社會性的性質以某種方式改變之際。「鬧鬼」是鬼魂試圖恢復、或修正這種社會性的干預之舉。[47]二十五名渡船事故受害者的家屬希望和逝者維持良好關係，捍衛祂們的福祉因此成了家屬採取行動的主要動力。這點首先表現在父母如何承認亡女的新神格，家屬們在旗津渡船事故不久後開始供奉女兒的金身。後來更出現在淑女墓整修工程的過程之中，家屬們一方面擔心政府打算徹底拆除墓地——連帶消滅祭拜逝者的可能——另一方面則希望將墓地改建成民間宗教的傳統式廟宇，讓女兒的神靈可以接受一般大眾敬拜（詳細討論參見後續章節）。

記憶地景與尺度政治

最後，我想回頭談談開啟這個人類學研究的空間議題，爲本章收尾。爲了建立討論架構，探討陰魂不散之地激發的各種記憶，可以如何具有批判性地評價空間產生記憶的主流方式，我勾勒出旗津二十五淑女墓整修中的尺度政治（politics of scale）輪廓。我用「尺度政治」一詞來強調二十五淑女墓轉型的社會空間過程所涉及的多種尺度之間的張力，以及這個過程所打開的跨尺度或尺度內競奪（contestation）的多種可能。

高雄的後工業經濟振興恰與全球各地近年政治經濟轉型的「全球在地化」（glocalization）過程同時發生；全球在地化意指同時朝向小尺度（「在地」）與大尺度（「全球」）邁進的運動，在此浪潮下，城市成了全球經濟競爭的主戰場。[48]由於高流動性、高投機性的跨國資本當道，不論是在已開發國家還是開發中國家的城市都逐漸陷入不穩定的經濟環境，許多城市被迫捲入激烈競爭，必須採取地方創生與減少監管等策略來確保工作機會與投資。[49]由此觀之，改善城市基礎建設、改造城市景觀、創造文化設施與節慶活動，這些都市發展計畫既是地方積極倡議所推動，也是城市間競爭所催生的結果。

地理學家尼爾・史密斯（Neil Smith）認爲，城市空間見證了最激烈的政治鬥爭，因爲這裡正是資本主義競爭與合作的場域，往往會對不同社會團體造成直接又顯著的影響。[50]「尺度跳躍」（jumping scale）可以視爲一種將交涉空間（space of engagement）轉移至比原本情境更大或更小尺度的政治策略。[51]空間上受限的地方團體在運用尺度跳躍時會採取戰術行動、建立互動網絡，或援引本地、本國、國際論述，以提高自身政治抗爭的成功率。這些地方團體實際上就是在操作再現策略，他們證明自己的政治目標與其他更普世的政治目標殊途同歸，將自己的理想與其他理想連結，採取一種有利的角度在論述上跨尺度再現自己的抗爭。

全球經濟的「全球在地化」轉向對台灣造成了雙重影響。一方面，台灣大小城市爲了保有競爭優勢，普遍展現出對地方創生的努力，這一點在台北和高雄尤其明顯。另一方面，就政治地位來說，台灣不是聯合國會員國，除了被排除在聯合國相關的政府間組織（例如世界衛生組織）之外，也經常在參與國際非政府組織或活動時面臨中國政府的打壓。在這種缺乏國際承認的背景下，近幾十年來世界經濟的尺度變化——從以國家爲主的框架，轉變成包括全球、國家、地方互動的全球在地化的組成——爲台灣開啟了新可能，有機會在全球舞台上爭取一席之地。世界各地的大城市平行發展，這雖然是城市彼此競爭的結果，但也幫助創造了單一普同的意象空間，讓台灣的城市居民可以把自己和世界各地的城市居民放在同一基準點加以比較。更關鍵的是，這個發展開啟了尺度跳躍的可能，以首都台北──或是「南台灣首都」高雄──得以代表台灣全國，城市滿足了台灣人迫切追求的國際能見度，彌補台灣作爲一個政體不得其門而入的缺憾。

二十五淑女墓的詮釋與紀念的尺度密不可分。仔細分析高雄市政府在淑女墓轉型過程中所扮演的角色，不難發現國家權力在大小尺度上的運作。首先，二十五淑女墓位於旗津的主幹道，而觀光旅遊對於旗津當地經濟如今日益重要，早在墓地整修計畫成形之前，淑女墓及一旁的市立公墓就已列在都市計畫者的待處理清單。官方都市計畫的目的之一是要把高雄從沒落的工業過往中拯救出來，將城市形象改造成新興的國際大都會，二十五淑女墓的顯眼位置，成爲影響參與整修案各方立場的關鍵因素。其次，身爲城市事務的掌舵者，高雄市長辦公室是二十五淑女墓命運的最終仲裁者。市長辦公室回應當地女性主義者的性別平等呼籲，以勞工身分公開紀念這些逝去的年輕女性，承認她們集體象徵了台灣近代史上的關鍵時刻。而在頌揚女性貢獻勞動力的同時，市長辦公室也將高雄默默塑造成全國地緣政治的關鍵角色：高雄引領了台灣在二次大戰後的經濟發展，也引領後工業化的台灣走向新局，擁抱勞工權利與性別平等的進步議題。鬼魂在城市與國家遺產的名義下遭到除魅，鬼魂的詭異可怖轉化成英雄精神與名正言順的存在。政府以此闡明台灣的先進道德標準，希望打動高雄以外的廣大群衆，讓台灣與世界現代文明並駕齊驅。不只如此，這個重建的社會記憶還可能帶來經濟效益。在晚期資本主義時代，記憶常被認爲愈來愈外化

（externalized），一大原因在於難忘的事件、地點、物品往往被當成商品販賣。將地方渡船事故的悲劇記憶重新脈絡化，包裝成文化遺產，儘管這個計畫原本並非出於經濟考量，但仍有可能產生經濟潛力，畢竟文化遺產產業（heritage industry）正是方興未艾的全球趨勢。

尺度對社會運動的策略而言同樣關鍵。如果說，制度化的政治行動者（例如高雄市長辦公室）能夠利用多重尺度的戰術達成政治與經濟目標，那麼社會運動者則可以利用多種空間尺度，將其作爲接觸場所。轉型中的社會與文化在此提供了某些結構性的機會。過去幾十年來，世界各地的跨國社會運動十分習慣於將行動平台和引用的想像概念全球化，常見做法是繞過保守壓抑的國內環境，引入國際力量，施壓要求解決原本的地方問題，或是引入跨國抗議運動，藉此整合大都會「中心」與「邊陲」的資源。[52]高雄的女性主義運動無疑證明了這種尺度跳躍的可能。這些女性主義者主要以高雄市爲根據地，針對高雄市政府發聲，儘管如此，她們還是成功投射出超越自己日常生活運作尺度的政治訊息。她們改造二十五淑女墓形象的運動與全世界的女性主義運動產生共鳴，後者希望重新書寫與評價女性的貢獻，目的在於對既有的婦女史加以修正。與全球女性主義運動接軌提高了地方政府的合作意願：地方政府希望改變高雄的形象，讓高雄取代台北成爲台灣的代表城市，女性主義能夠爲這個政治雄心加分。

最後，一般往往認爲只有國家行動者有能力擁抱全球的參考框架，傳統社區或地方成員的眼界則無法超越當地視野或跳脫僵化的認知模式，然而旗津二十五淑女墓的敘事打破了這個大家不假思索認定的尺度連結。這些敘事不只闡明了「在地化與全球化過程之間的連結，還進而質疑這些領域的產生方式，質疑劃分領域的界線，也質疑設法使之成爲現實的自然化過程」。[53]這些敘事顯示尺度塑造的過程未必都像有時呈現的那麼簡單直接，往往亟需更實事求是的追問分析。

具體的社會關係必然擁有定位與尺度。如果說鬼魂感（ghostliness）是一種不在的存在狀態，「鬧鬼」則需發生在像是墳墓、墓地，或屠殺、事故的發生地這般特定的所在，鬼魂徘徊不去的現象會擾亂此地的官方願景或標準詮釋。「鬧鬼」之地是另一種視角的記憶得以發聲之地。人們往往認爲鬼魂是與過去連結的方式。然而過去只是前奏，眞正重要的不是我們記得、或忘卻了什麼，而是爲了管理或餵養大眾，特定意義如何又爲何融入、制度化或改造了某些記憶。反過來說，這也代表了同樣這一群大眾，有能力解鎖這些記憶，對此進行競奪、挪用、介入。

《女工之死》訴說記憶、哀悼與歷史正義的政治，講述了雙面的故事。這個故事一方面敘述空間的物質性如何中介哀悼與紀念；另一方面，它闡述悲劇與失落的意義何以不只是由生者單方面決定，而是由生者與逝者之間關係的交流性質來決定。逝者或許已經亡歿，但祂們並未就此離去。鬼魂不只是社會現實的副產品，也不只是歷史過錯的形而上化身；與此相反，鬼魂是世間體制的實質參與者，祂們持續與生者建立關係。當死亡的事實發生，如何重新建立陰陽兩界住民都十分需要的安寧與秩序，有賴於雙方的相互理解與密切合作。因此，後面章節所提到的鬼故事不只是單純的「異」文化的民族誌證據，用以解釋非西方基督教世界所孕育的「異」文化精神信仰。[54]這些鬼故事更指出了構成個人主體性與更大的社會集體之間的複雜關係。簡而言之，「鬧鬼」向我們透露倫理形成的諸多資訊，例如人們如何透過這些知識與實踐的架構維護自身認同的批判性與塑造性關係。[55]

鬼魂在漢人宇宙觀裡是強大的存在，不只因爲鬼魂會擾亂日常生活的進行，甚至會懲罰生者。鬼魂之所以強大，是因爲鬼魂生前死後的事蹟常常具有影響力，足以煽動強烈情感，進而鼓動人們編造故事、加以流傳。因此，在進入本書第二部的記憶實踐多重性的討論之前，下一章將先探討台灣經濟發展時期、透過年輕女性生產力建立的「工業的情感結構」，分析其如何塑造人們體會到的現實，尤其是其如何帶來一個認可生活、謀生，以及與家人、社區建立連結的全新方式。所有這些都將成爲旗津渡船翻船事故後，逝者家庭爲二十五位早逝女兒所做一切的動機。

第二章　舉足輕重的小人物

請借問播田的田庄阿伯啊，人咧講繁華都市台北對佗去？
阮就是無依倚，可憐的女兒，
自細漢就來離開爸母的身邊。
雖然無人替阮安排將來代誌，
阮想欲來去都市做著女工度日子，
也通來安慰家己心內的稀微。

請借問路邊的賣薰阿姊啊，人咧講對面彼間工場是毋是
貼告示欲用人？阮想欲來。
我看你猶原毋是幸福的女兒，
雖然無人替咱安排將來代誌，
佇世間總是有愛家己拍算較合理，

青春時毋通耽誤人生的真義。
請借問門頭的辦公阿伯啊，人咧講這間工場有欲採用人？
阮雖然也少年，攏毋知半項，
同情我地頭生疏，以外無希望。
假使少錢也愛忍耐，三冬五冬，
為將來為著幸福，甘願受苦來活動。
有一日總會得著心情的輕鬆。

——葉俊麟〈孤女的願望〉[1]

台語流行歌曲〈孤女的願望〉於一九五八年首次發行，知名作詞家葉俊麟根據日本歌曲填詞，由年僅九歲的歌手陳芬蘭演唱，一發行立刻紅遍大街小巷。歌詞描述一位年輕女孩告別鄉下的父母，到大城市台北的工廠找工作，曲中主人公的年紀比歌手本人大不了幾歲。這首歌唱出年輕少女從鄉村遷往都市的歷程，除了離開家鄉別無其他出路的心酸，以及她離鄉背井的勇氣，儘管貧窮處境令人氣餒，她仍然保持樂觀，決心戰勝貧窮。當時的社會正經歷快速工業化和社會經濟轉型，歌詞中的種種描述無不反映社會的時代精神。[2]幾十年過去，這首歌依然能激起人們濃烈情緒，更讓實際走過台灣經濟起飛初期的人感觸良多。二〇〇八年的葉俊麟歌謠研討會上，歷史學家李筱峰講了一個故事。他說自己有次在世新大學演講，談及一九六〇年代台灣的社會經濟轉型，引用了〈孤女的願望〉：

> 說著、說著，剛好趙慶河教授經過教室，聽到有人以孤女的願望講述時代背景，不自覺步進教室聽講。那堂課，李筱峰還沒講完，趙慶河已淚流滿面。原來他姊姊為供給他讀書費用，犧牲青春到工廠做女工，只希望他好好讀書，當時姊姊每天拖著疲憊身軀下班，回家時必定邊走邊唱〈孤女的願望〉。
>
> 現在國立台灣藝術大學任教的趙慶河說：「包括我大姊、三哥等同樣背景的台灣人，當年都有共同經歷，〈孤女的願望〉唱出大家回憶，因此每次聽到這首歌就想起辛苦的姊姊，忍不住淚溼衣衫。」[3]

李筱峰教授的故事顯然引起與會學者共鳴，國立成功大學呂興昌教授也分享了類似的故事。他出身貧窮農家，偏偏自己只會讀書，妹妹爲了成全他這個哥哥的教育，甘願中斷學業，到工廠做女工。呂興昌說：「每次聽到這首歌，就想起我的妹妹，情不自禁的目眶紅，這種早年貧困年代姊弟妹彼此提攜感情，不是現代年輕人可以體會。」[4]

我在本章的開頭提到這幾段小故事，是希望指出三點。第一，如果旗津二十五淑女墓轉型成勞動女性紀念公園，代表了將已故女性勞工的故事塑造爲共同歷史遺產的努力，那麼這項工作就不可能只由女性主義運動者或國家行動者獨力完成。這項工作必須將與其相關的所有人都納入「記憶的共同體」，大家對事件的意義各有想法，在此競逐、形塑、強化記憶的實踐。[5]在二十五淑女墓的例子裡，記憶的共同體不只包含死者家屬，也包含整個台灣社會。成長於台灣二戰後工業化初期，二十五位出身貧苦的女性兢兢業業工作，她們的故事道出了同時代無數台灣女兒、姊妹的人生歷程。她們不幸早逝，象徵台灣年輕女性能爲家庭做出的終極犧牲。

第二，這幾段小故事也顯示，工廠女工的故事本質上也是她們父母、兄弟、姊妹的故事。不論工廠的剝削有多嚴重，這份工作對工人及其家庭來說依舊意義重大，工作不只改善了家庭的物質條件和財務狀況，也改變了他們的日常生活。工業體系不只是經濟生產體系，也是社會生產與再生產的體系。正如地理學家辛蒂・卡茨（Cindi Katz）所言：「再生產的工作包括維生手段的生產、提供、準備，兒童的生育、養育、社會化，以及社會知識的生產與交流；再生產的工作與生產的工作及其背後的生產與再生產的社會關係密不可分。」[6]究其本質，工業主義（industrialism）是「一種生活方式，一種行事作風」。[7]

第三，工業主義也是感受世界的方式，是理解當下生活的可能性及看待未來願景的方式。工業主義既關乎社會結構，也關乎情感模式。工廠經驗的物質性、工作生活的時空要求，以及日常生活中對應的作息、程序、身體習慣，一切在在推動了「工業的情感結構」——一種難以捉摸的無形社會意識，讓人注意到工人生活「可觸可見的**此時**、**此地**、**此刻**、**活躍生動**的當下性（contemporaneity）」[8]——這也反過來塑造了工人的個人認同與集體認同。[9]然而，強烈的情感未必會帶來平等的關係。這幾段小故事裡，深受〈孤女的願望〉歌詞故事感動的幾位教授清一色是男性，辛苦工作幫助他們出人頭地的手足則幾乎都是女性，這點並非偶然。權力關係網必然緊緊交織在生產與再生產工作運行的社會構造之中。[10]因此這幾段小故事揭露的是台灣家戶中特殊的男女勞動分工。這是社會契約的一環，不論是男教授對姊妹的衷心感激之情，還是父母對高雄渡船悲劇事故中喪生女兒的深切哀悼之意，都是這個社會契約的情感體現。不過從另一個角度來說，強烈的情感恰恰凸顯了人們如何努力設法修補破裂的社會契約，二十五名女性的故事正是一例，她們還沒有機會結婚、生子、老去、度過充實人生，就不幸早逝，如何爲她們在身後找到最好的處境，成了這些家庭裡父母與兄長的課題。

本章從上面強調的幾點出發，希望確立女性勞工身爲民族誌焦點與理論主體的意義。本章也希望爲後續章節建立脈絡，以便後文探討各方所支持的不同記憶建構之間的利害關係。鑑於以上，我將先討論台灣如何豐富了全球工業主義的文獻，台灣又爲何仍是討論今天的後工業環境時的要角。接下來會介紹二戰後國家（台灣）、地區（高雄）、地方（旗津）的社會經濟發展概況，勾勒出使女性工業勞動力不可或缺的背景。最後兩節的民族誌敘述鋪陳了高雄加工出口區年輕女工及其家人在家的日常作息。種種敘述綜合描繪出工業的情感結構，我們可以由此出發，理解一九七〇年代初渡船事故造成的波瀾，以及後工業化的台灣在悲劇過後半世紀依舊蕩漾、且至今不息的餘波。

性別、全球工業化與台灣

「性別與全球資本主義擴張」這個主題無論在學術研究或政策議題的發展都已相當成熟，台灣經驗一直是探討的重點。身為亞洲四小龍之一，台灣曾是全球製造業大國，加工出口區與分布各地的大小工廠創造了許多工作機會，不只成為出口導向經濟的重要推手，也為許多家庭帶來就業機會，特別是有年輕女兒的家庭。[11] 農村家庭十分樂見工廠招募年輕女性的新現象，開始上班的女兒為家庭帶來急需的現金收入，她們不再是家裡的經濟負擔。社會大眾面對初入工作環境，同時也是全新的社會環境的工廠女工，倒也不是毫不擔心她們的人身安全，或存有道德操守上的顧慮。儘管如此，台灣社會的懷疑不安很少像世界其他新興工業地區（如前章提到的斯里蘭卡、印度與墨西哥）那樣升高成攻擊職場女性的焦慮和暴力。恰恰相反，台灣社會很快就接受了女性進入工業職場，認爲女兒工作賺錢也是一種孝順的表現。

年輕女性被納入工廠勞動力的現象並非台灣獨有，而是更廣泛的全球工業化現象一環，同時，這無疑也是性別化的過程。[12]生產線雇用年輕女性在世界各地隨處可見，不過各地的女性勞工經驗不可一概而論。不同地區的民族誌研究指出，全球工業化也是資本彈性積累（flexible accumulation of capital）的過程，雇用的勞動力日益多元，同時搭配利用多種不同生產模式。[13]與資本彈性積累相關的多樣工業狀況，也再次引起衆人對於工人與資本主義轉型的關係，以及工人對資本主義轉型反應的好奇。[14]具體來說，隨著女性成爲全球工廠的主要勞動力，工廠也發展出基於性別意識形態的勞工管理模式，從大企業的直接專制管理，[15]到家族企業小工廠的家長式控制皆有。[16]台灣就是後者的典型案例，這與台灣獨特的產業結構息息相關。

台灣出口導向經濟的核心特徵之一是由中小企業居主導地位，與南韓集中型的產業結構形成鮮明對比。南韓與台灣同爲亞洲四小龍之一，在戰後的政治經濟發展路線頗爲相似，不過南韓一間工廠雇用的工人動輒破萬，台灣的工業體系則極度分散，單一工廠雇用的工人少則數人、多則數百，工廠之間形成關係緊密的網絡。台灣出口導向工業發展的巔峰時期，主宰工業體系的是國內貿易公司與主要企業的上游工廠，他們直接和國外客戶貿易或承接訂單。貿易公司和上游工廠之下則是一層又一層的承包公司。承包公司有大有小，技術水準不一，負責生產特定產品的不同零件，彼此之間也有垂直和水平的合作關係。一間上游工廠往往會與多家下游承包公司往來，反之亦然。上游工廠與下游承包公司之間很少建立永久法律關係，只要一方決定終止，關係就宣告結束。

事實證明，這樣的體系有效地讓台灣廠商保持靈活度及高效率，也提高在全球市場的競爭力。[17]數量龐大的承包公司以及多層次的相互依賴關係維持了這套工業體系的穩定。這種經濟體系稱爲「網絡資本主義」（network capitalism），[18]特色是在做生意時重視個人關係和信任，錯綜複雜的社會關係網是其重要的推動力。這也表示勞資關係偏向和諧而非對立。台灣的中小企業往往是家族企業，過去的文獻指出，以家族爲企業單位一直是影響台灣經濟相當關鍵的意識形態——家庭成員貢獻自己的勞力與收入，並接受男性大家長的指揮。在一九七〇、八〇年代台灣鄉村工業化的高峰期，這樣的現象更爲明顯。[19]因此，在由家人構成主要成員的工廠裡，年輕女性在家庭內的角色讓她們成爲理想的勞動力來源。[20]年輕女性不支薪，即使支薪，薪水也往往低於市場行情；遇到工廠旺季，長輩可以要求她們加班，淡季則是減少工時或乾脆休息，這種廉價且極具彈性的勞動力讓這些工廠在全球市場相當具有競爭力。即使不是替自己家裡工作，是受人雇用，雇主也常常以某種出於眞實或虛構的「故鄉」、鄰里關係的地方認同感，鼓勵這些年輕女性配合。總而言之，資方以親情義務和地方團結感來招募並留住勞動力、規訓管理工人、解決工作現場的糾紛與不滿、平息潛在的勞資衝突與抗議。

台灣的這種分散式生產體系不只影響了經濟效率，也孕育、甚至激發了台灣青年男女追求向上社會流動時抱持的樂觀精神與現實感。「黑手變頭家」這句話喚起台灣人熟悉的形象，技工的雙手因爲做事而弄得汙黑油膩，但是他努力打拚，終於自己開工廠當老闆。[21]這句話雖然是以男性爲主角，但是其中傳達的信念不分男女：就算出身卑微，只要堅持努力工作，最後就能實現夢想、出人頭地。只是，過去由於出口導向產業快速擴張，這樣的夢想很有機會實現，但是在今日台灣的經濟環境，夢想要成眞已經愈來愈不容易。[22]

一般人常常把南韓強勢的勞工運動與台灣相對弱小的勞運加以比較。普遍認爲，南韓的集中產業結構讓工人聚集在特定區域，有利於高效的勞工動員以及激進的勞工抗爭，[23]與之對比，分散的工業體系阻礙了台灣勞工運動的發展。[24]台灣的勞工運動者必須從分散在各處的衆多中小企業裡組織工人，這是動員調度上相當現實的挑戰。[25]他們還必須克服黑手老闆這類現象所帶來的向上流動的意識形態，以及與親屬、社區等社會關係密不可分的勞動制度。總而言之，擺在台灣勞工運動者面前的是階級意識薄弱的環境，[26]技術工人與非技術工人都希望目前的工作在自己人生軌跡裡只是年輕時代的短暫階段——人類學家葛希芝（Hill Gates）稱之爲「兼職無產者」（part-time proletariat）。同樣地，工廠年輕女工基於家庭角色的性別認同往往也排在她們的勞工認同之前。[27]但這絕不表示台灣工廠女工只是乖乖聽話履行家庭義務。她們也會將合理化女性從屬地位（subordination）的家庭意識形態，拿來作爲自己顚覆從屬地位的策略。[28]台灣年輕女性很清楚自己的處境，這點說明了她們的能動性，儘管她們做的某些決定看似違背個人利益、服從規範的文化意識形態。

說到工廠年輕女工基於家庭角色的性別認同排在她們對勞工身分認同之前，在旗津二十五淑女墓的案例裡，罹難者家屬紀念早逝親人的方式，同樣點出了性別優先於勞工身分的現象（詳見第三章）。除此之外，儘管女性主義者努力強調罹難者的勞工身分，但是引起大衆共鳴的依然是罹難者人生故事的性別與家庭面向，也再次印證上述現象（詳見第六章）。性別優先的現象也進而影響國家行動者規畫政策議程及制訂實施策略的方式（詳見第五章）。於是相較於勞工運動，台灣婦女運動近年來似乎在法律上和政治上都更有收穫（詳見第四章）。[29]同理，性別平等的女性主義理想似乎也贏得了社會的廣泛支持（第七章）。

高雄與旗津的地方脈絡

有次我搭計程車從中洲到前鎮的高雄加工出口區附近找朋友。司機是旗津當地人，車子行經過港隧道的時候，司機問我怎麼會來旗津，我回她我在研究旗津近來的變化，司機於是說：「我們以前是龍頭（指旗津還是與高雄相連的半島時）。但是脖子被斬斷了。現在身首分離，了無生氣。」

高雄在台灣近代歷史幾次政權更迭下發展成重要港口，旗津的發展與此密不可分。旗津的發展史道出了殖民與非殖民的國家政策如何將空間建構成資本積累的一環。旗津坐落於台灣西海岸，隔著台灣海峽與中國相望，是高雄地區最早有漢人定居之地。旗津半島與台灣本島之間的潟湖形成天然良港，清政府於是利用這個戰略位置，在此設置砲台與軍營。平民聚落隨之形成，旗津漸漸出現了熱鬧市街生活。[30]一八五八年，清政府在英法聯軍之役落敗後簽訂《天津條約》，開放五個口岸進行對外貿易，高雄（時稱打狗）是五個通商口岸之一，一八六四年正式向西方商人開放。爲了處理貿易事務，清政府在旗津設立海關分關，商人也在此設立商行，旗津於是正式進入了全球貿易體系。原本的小漁村迅速蛻變成漁業、軍事、商業樞紐，旗津市中心成爲清末高雄一帶的中心商業區。[31]儘管如此，出了旗津市中心，漁業仍然是居民的主要生計來源，中洲村所在的半島南端更是依賴漁業。[32]

甲午戰爭戰敗後，清政府在一八九五年將台灣割讓給日本，旗津的命運就此急轉直下。台灣在持續擴張的日本帝國裡是具有重要經濟與軍事價值的殖民地。爲了將當時最重要的經濟作物蔗糖及其他農產品從南台灣出口到殖民母國日本，殖民政府從統治初期就開始進行大型基礎建設工程，把高雄建設成現代化港口。高雄後來也成爲日本皇軍南進的重要軍事基地，一九四一年太平洋戰爭爆發之後地位更形重要。爲了實現種種規畫，日本殖民政府先疏浚（一九〇四—一九〇七年），後又分三階段（一九〇八—一九一二年、一九一二—一九三七年、一九三七—一九四五年）興建高雄港。日本政府也同步制訂了詳細的都市計畫，將高雄改造成現代化城市，包括鋪設了連接高雄與周邊地區及台灣各地的鐵公路、建立了電力和自來水等現代化設施，也修建了棋盤式街道。一九三〇年代初，日本政府又在港口周邊興建了鋼鐵廠、煉油廠等工業基礎建設。這些改變對旗津來說憂喜參半。一方面，由於投入高雄港建設工程的勞工大量流入，旗津一九〇四至一九一二年間的人口成長率居高雄各行政區之冠。另一方面，爲了容納港口更新擴大後帶來的人口與活動，城市中心從旗津東移至鹽埕埔。[33]經過這些發展，旗津不再居於地理中心，也失去商業中心的地位，當地經濟開始高度依賴漁業，半島南部更完全以漁業爲重心。

二次大戰後，戰敗的日本將台灣移交給戰勝國中國，當時由蔣介石領導的國民黨代表中國接收，將高雄打造成工業重鎭的努力也延續到戰後。台灣戰後的經濟成長主要來自一九六〇年以後的製造業出口擴張，一般分成三個階段：一九六〇年代的進口替代工業化；一九七〇年代的出口導向工業化；一九八〇年代的高科技產業發展。[34]高雄憑藉日治時期的港口設施與各種基礎建設，戰後迅速發展成製造業中心，地位也隨著台灣快速工業化而節節上升。到一九九〇年代爲止，政府前後開啟六次高雄港重大建設計畫，包括開闢第二港口（一九六七—一九七五年）與修建高雄過港隧道（一九八一—一九八四年），開闢第二港口使旗津成了與高雄各區隔絕的近海附屬島嶼，過港隧道則重新搭起旗津與高雄市區的陸路交通，尤其是讓貨櫃車得以通行，能夠進出旗津。

一九七〇年代在高雄起飛的石化工業是台灣戰後工業化的代表。[35]政府以日治時期留下的工業基礎建設爲基礎，一九六八年在高雄港區建造了全國第一座輕油裂解廠，一九七一年又建造了第二座輕油裂解廠。經過一九七三年的石油危機，中央政府決定推動十大建設計畫，提升台灣的產業能力。十大建設中有三項工程落腳高雄，分別是中國鋼鐵公司、中國造船公司的大造船廠，以及中國石油公司的第三輕油裂解廠與煉油廠（當時均爲台灣的國營企業）。同時，爲了容納下游出口部門快速擴張的大量工廠，政府在高雄都會區邊緣畫定多塊土地作爲工業區，包括高雄市東北的仁武與大社工業區、北邊的台南廢五金工業區、南邊的林園石化工業區、東邊的鳥松工業區（皮革鞣製廠聚集地）。一九九〇年代初，高雄約有六千家工廠登記在案，平均每平方公里有六十到八十家工廠，這個數字遠高於台灣其他地區每平方公里五到十家工廠的平均值。高雄最後成爲工業基地，到處是貨櫃物流中心、鋼鐵廠、造船廠、拆船廠、廢五金廠、水泥開採與加工廠、石化廠。這些大都是高汙染工業，嚴重衝擊高雄市區環境，旗津同樣深受其害。[36]

除了上述重工業，政府一九六六年在前鎭區（地理位置靠近旗津島南部）設立高雄加工出口區，吸引外商直接投資勞力密集的輕工業。高雄加工出口區規畫相當完善，具備工業區的基礎建設、基本設施與生活機能，同時提供自由貿易區的優惠條件，例如租稅減免與商業規範豁免等獎勵措施。當時台灣面臨各種挑戰：政府財政艱難、外匯存底短缺、人口增加但失業率居高不下。因此加工出口區的主要目的是把周遭農業區閒置或未充分利用的勞動力引導至出口導向的工業活動。結果看來大獲成功，高雄加工出口區成立不到三年就達到飽和，政府很快又追加設置兩個加工出口區，分別是一九六九年在北高雄設立楠梓加工出口區、一九七〇年在中台灣設立潭子加工出口區，容納更多外國企業投資。加工出口區成功的主因是當地供應了充足且優質、普遍受過基礎教育的低廉勞動力。根據一九六八年的政府統計，台灣當時每月的基本工資是新台幣六百元，而加工出口區將近百分之七十的工人每月收入爲新台幣六百至九百元，約爲日本同類工作工資的三分之一、美國的十四分之一；加上台灣工人的日工時比美日長，因此時薪其實更低，實際換算下來，只有日本工資的四分之一、美國工資的二十二分之一。[37]一九六九年，《華爾街日報》更有報導直言，美國製造業者若是希望避開美國國內的高勞力成本與嚴格監管，台灣新設立的加工出口區顯然是理想的替代生產地。[38]

旗津既不是政府港口改善計畫的直接範圍，也不是產業政策的實施對象，然而兩者都對旗津的自然環境與居民生活造成深遠影響。空間方面，國家政策（尤其是多年來高雄港擴建的相關政策）大大影響了旗津的聚落分布。[39]經濟方面，儘管捕魚的收入不高又不穩定，但一直以來都是當地經濟的主要收入來源。漁業的發展也帶動了漁船漁具的維修保養、補給服務、漁獲處理與運輸等，與之息息相關的造船業及其他經濟活動。日治時期，在殖民政府鼓勵下，造船業蓬勃發展。二戰結束時，旗津共有四家國營與十四家民營造船公司，生產中小型漁船，滿足當地漁民的需求。[40]因此在戰後的幾十年間，漁業和造船業吸納了旗津大部分男性勞動力。也有部分家庭從事近海水產養殖，沿著旗津海岸養殖蛤蜊或牡蠣。

然而，過度捕撈加上高雄港擴建大幅縮小了當地的漁場範圍，以及高雄工業部門的成長對於原本已經日益萎縮的漁場造成汙染，漁業資源逐漸枯竭。更嚴重的問題是，一九六〇年代以來，旗津海岸一直是全台灣唯一允許合法傾倒工業廢棄物的地點，主要傾倒石化巨頭台塑公司的廢電石渣[41]。旗津是細長型的島嶼，沿岸布滿天然沙洲。爲了擴大旗津的面積，同時一併解決工業廢棄物問題，高雄市政府遂沿著旗津海岸傾倒電石渣，然而就化學性質來說，電石渣是強鹼，不但無益於拓寬海岸，反而會使海岸受到侵蝕。[42]

傾倒工業廢棄物大幅改變了旗津近海的海洋生態，導致海岸嚴重侵蝕、近海漁業消失，細軟的沙灘變成灰暗的坑洞，沿岸堆放的巨大消波塊也嚴重阻礙人們利用海灘。除此之外，中洲村自一九八七年起還成了高雄都會區最大汙水處理廠的所在地。在種種因素影響下，近海漁業與水產養殖不再是可行的收入來源。隨著漁業消失，漁船及造船的需求也連帶消失。更甚者，十大建設之一、發展興盛的中國造船公司搶走了旗津當地的造船生意，讓旗津的造船業更加沒落。於是許多造船工人回去討海，成爲近海漁民或遠洋漁工，留在陸地討生活的，多半流向了高雄過港隧道彼岸的製造業。

由於人口外流，旗津當地居民人數逐漸下滑。一九七一年後，儘管高雄市區整體人口增加，旗津人口卻開始出現負成長，與此相關的現象是，到了一九七〇年代，旗津的教育程度在高雄所有行政區裡敬陪末座。[43]這個現象有兩種可能原因。其一，旗津人也許出於經濟需要，必須提早結束學生生涯，多半在小學或國中畢業後就投入就業市場，幫忙分擔家計。其二，有辦法拿到更高學歷的人可能會選擇搬離旗津，畢竟當地找不到什麼好工作。[44]

邊緣的現代性

當年近海漁業是旗津最重要的經濟活動，家庭分工完全以捕魚的作息爲中心。男人一大清早就出外捕魚，女人半夜起床爲丈夫和成年的兒子煮飯，讓他們出門之前可以吃點東西，也帶一些到海上吃。漁夫通常下午回到港口，在陸地上的時間忙著清理漁獲、維護船隻、修理漁網、到市場賣魚等等。在漁業經濟活動的推動下，漁船需求不斷增加，帶動了造船業的發展。從日治時期直到戰後的一九九〇年代，旗津的造船業一直是僅次於首要經濟部門漁業的重要就業來源。當地男性若決定不從事漁業，可能就會選擇到造船廠工作。[45]女性大部分時間則是忙著煮飯、做家事、處理雜事、帶孩子。[46]部分女性也投入當地的水產養殖，幫人打工或是幫自己家裡採收蛤蜊或牡蠣。儘管不少女性可能有意工作賺錢，貼補家用，但是她們除了操持家務，幾乎別無工作可做。

事實上，不只旗津，一九六〇年代台灣都會區以外的地區普遍缺乏其他經濟出路。在鄉下地方，農業是家庭經濟的支柱，留在家裡幫忙的女孩只能做做家事或農活，要忙的事情很多，能賺到的錢卻很少。即使是在都會地區，就業機會也有限，鄉下女孩多半只讀完國小六年義務教育，有時候甚至連國小都沒畢業，到城市找工作的人往往只能找到就業市場底層的工作，像是到人家家裡幫傭，一個月賺幾百塊新台幣。運氣好的人——通常是學歷比較高，可能再加上長相比較甜美——可以當上商店店員，或是公車、火車的車掌小姐，也就是慢慢興起的消費社會視爲「現代、進步、時髦」的第三級產業工作。另一個熱門選擇是「學習一技之長」，尤其是學裁縫。在成衣廠仍然少見的年代，掌握縫紉、刺繡、補衣的技術似乎是不錯的賺錢之道。即使進到成衣廠，由於當年分工還不像現在的工廠那麼精細，工人也需要略懂裁縫才能勝任工作。但是學習一技之長不是件容易的事，年輕女孩往往要做好幾年學徒，忍受繁重的勞動與微薄的工資，才能學成裁縫的技藝。當學徒的日子很苦，不是人人都能熬到出師。

高雄工業快速發展之下造成的空間轉變摧毀了旗津的海洋生態與經濟榮景，弔詭的是，這個轉變也為旗津居民開啟了新的就業機會。確切來說，位於擴建後高雄港彼岸的高雄加工出口區為年輕女性提供了工作。就國家整體來看，高雄加工出口區的成立代表了台灣勞動參與的轉捩點。高雄、楠梓、潭子這三個最早設立的加工出口區成立不過十年，就雇用了將近七萬名勞工，其中百分之八十五是女性，年齡多半落在十五到二十四歲之間。到了一九六〇年代晚期，台灣已經不再是農業社會，台灣經濟已轉型為以製造業為主。一九六六到一九八一年，從事第一級產業的人數比例從百分之四十四・五三下降到百分之十八・四，第二級產業則從百分之二十四・七上升到百分之四十四。女性比例上升的速度比男性更快，以大規模生產和廉價勞動力著稱的高雄加工出口區恰恰體現了這種結構轉變。從台灣戰後工業化之初，女性勞動力就不只是輔助角色，女性始終是穩定又不可或缺的勞動力來源。曾經的女工回想當年的日子，大家一定會提到通往高雄加工出口區正門的大馬路每天早上有多擠，塞滿了騎著腳踏車趕去上班的人。後來隨著時代轉變、台灣經濟發展，大家變成騎機車上班。不管是騎腳踏車還是騎機車，一位前工人回憶：「整條路滿滿的，看有多少人。看起來真的很恐怖，真的像螞蟻。真的就只看到後腦勺。」[47]

加工出口區快速擴張，很快就徹底吸納了高雄市內的勞動力，迫切的人力需求快速催生大規模招募計畫，擴及高雄周邊的鄉鎮、縣市。加工出口區運作初期，出口區內的工廠會直接派遊覽車到鄉下，免費接送招募工人往返加工出口區工作。只是這些做法不久後便無法解決加工出口區快速成長的勞動力需求，工廠改成直接從國中招募工人，而學校行政人員常常在招募過程中收錢「推薦」學生進入工廠工作。後來還有某些國中的女學生會提早幾個月畢業，以銜接加工出口區公司與附近工廠的勞力需求。[48]這些初入職場的工人都很年輕，容易服從根據傳統社會階層與職場性別角色建立的勞動制度。工廠管理階層往往一方面像在管教學生，擔任維護紀律的權威，一方面又像監護人，以家庭道德之類的價值干涉工人行爲，就好像她們是自己家裡的姊妹與小孩。

這波新的就業浪潮影響深遠。年輕女工（與男工）從製造業崗位賺回家的月薪很快就成爲家庭的固定可靠收入。固定收入讓物質生活隨之改善，得以還清過去漁獲或農作物歉收季節欠下的債務，最後還有儲蓄的餘裕。女性開始賺取工資，這份新增加收入對消費市場產生了革命性影響。年輕女性一方面把一小部分薪水拿來支付日常吃住費用，以及像是衣服、化妝品、娛樂等其他開銷；另一方面，她們賺來的薪水大部分都交由父母運用，立刻提高了家庭的消費能力，刺激家電、食品、娛樂等各種產品的市場。就家庭內部來說，儲蓄被用來資助哥哥或弟弟妹妹的教育。過去的文獻更進一步指出，私人家庭儲蓄爲全國私部門大半的工業投資提供了資金，對台灣戰後經濟發展實有重要貢獻。[49]當家裡的兒子準備開始工作或創業時，家人從年輕工作至今一點一滴攢下的積蓄就成爲最重要的資產。在台灣經濟成長的早期階段，加工出口區實際上扮演了提供就業與創造現金收入的關鍵角色，爲後來中小企業發展所必需的技術知識涵養與投資資本積累奠定基礎。

人類學家瑪麗・貝絲・米爾斯（Mary Beth Mills）在研究城市工業工作如何影響來自泰國鄉村的年輕女性移民時，強調了顯而易見卻常被忽視的一點：儘管這些新型就業機會的工資低、工作規定嚴格、勞動環境不健康、且勞動條件不佳，全球年輕女性依然投身其中，原因在於她們不只是爲賺錢，也是爲實現更複雜的社會目標。[50]她們運用工資收入賦予的更高自主性，達到自己認可的現代化標準，做法往往是參與新消費模式，從單純的勞工轉變成追求摩登、流行的消費者。台灣也看得到類似現象，加工出口區不只關乎經濟利益，也代表一條通往不同人生的道路，讓年輕女性擺脫傳統的無償家務勞動，從事有償工業勞動。這條道路意味著離開傳統的農業或漁業生活方式，遠離一成不變的日常生活、僵固的習慣與前景有限的未來。

高雄加工出口區是現代性的縮影，導演柯妧青二〇〇六年的紀錄片《她們的故事：生產線上的容顏》裡兩位前工人的幾句話清楚道出了這點。姚麗珠和簡金枝從小同樣是在高雄市郊的鄉間長大。兩人都在年輕未婚時來到高雄加工出口區，在不同公司上班。結婚之後，她們都在加工出口區附近定居下來，購屋成家。兩人現在成了鄰居。紀錄片裡，姚麗珠與高采烈說起當年哥哥怎麼帶她和妹妹去拜託加工出口區一家公司的經理雇用她們，簡金枝立刻接口，說姚麗珠的工作如何得來不易，待遇又如何微薄：

簡：我們以前都務農。只要有（務農以外的）工作可做就很高興了。可以上班啦，那時候都說上班啦！

姚：上班好像很風光。

簡：大家都會跟我媽媽說，唉喲！你女兒在哪裡上班？這樣在加工區上班聽起來好像很好，要不然大家都沒工可做啊。[51]

姚麗珠和簡金枝都對加工出口區抱持肯定的態度，這種正面觀感不只因爲她們是出身鄉下的窮苦年輕女性，在城市其他社會階層身上也看得到。在蕭伊伶的《金釵記：前鎮加工區女性勞工的口述記憶》裡，一位劉安民女士談自己的人生故事時也有類似感觸。劉女士的經歷在加工出口區女工群內比較特別，但不至於獨一無二。她來自中產階級家庭，父親是軍隊醫官，她本身擁有高中學歷。她一開始就清楚直說，自己不是因爲家裡缺錢才去加工出口區工作，而是因爲對加工出口區本身懷有憧憬：

因為我看到我家隔壁好多人一講到在哪上班，講到加工區，都一副很跩的樣子⋯⋯

以前學生（畢業後）都閒在家裡嘛，後來因為這個也去加工區，那個也去加工區，我就把加工區的憧憬放大好多倍，心想加工區到底是什麼？因為以前的玩伴都不見了，碰到十個就八個都去加工區。

後來就趁一個暑假，問到一個是在電子廠上班，那個人就叫我去加工區看看，那時候就對加工區有了憧憬，那時候就認為加工區是一個家或一個工廠，結果那個人就說加工區有五、六十家工廠，我的想像是一個家的結構，我那時候就想怎麼可能有五、六十家工廠，不知道是不是一家一家不同的。那時候我們隔壁的小兒子剛好回來，他有摩托車，我就請他帶我去加工區看看。後來進去加工區才知道原來那是一個範圍。[52]

第一次離家進入就業市場的年輕女性，幾乎無不驚嘆於高雄加工出口區的廠區之大。儘管加工出口區內的工作薪資可能比不上加工出口區外其他製造業或非製造業的工作，但她們嚮往加工出口區公司健全的管理制度，一般包括相對透明的公司結構、分工與管理職權、對工人的期待，以及達成期待的獎勵。這也包括公司對工人的義務，尤其與加工出口區外的私人家族企業形成鮮明對比，加工出口區外的家族企業，公司該怎麼經營、員工該怎麼處置（雇用或解雇），都是老闆和老闆的家人說了算。工人也常常提到加工出口區的廠房有冷氣可吹，工作環境一塵不染。

台灣早期負責監督工業園區日常運作的政府單位爲加工出口區管理處。自從高雄加工出口區成立以來，加工出口區管理處便實施了一系列員工福利計畫，爲工廠工人提供醫療照護、食物、宿舍、娛樂等各種服務。例如一九七五年，加工區內兩棟宿舍落成，可以容納兩千多名女工，同時也建了一間大食堂，可供五百人同時用餐。（多年下來，加工出口區增設了更多食堂，每間公司也有自己的自助餐廳，爲員工服務。）此外，加工出口區管理處與各公司也舉辦觀光旅遊、登山踏青等休閒活動，贊助園遊會、電影之夜、傳統戲曲表演、運動比賽及各類競賽（如時事問答、橋牌比賽、攝影比賽、徵文比賽）等娛樂活動。[53] 不過，提供這些服務與設施不只是爲了照顧員工福利。單身女子宿舍滿足了大量外地工人的住宿需求。在工業園區內提供宿舍有助於吸引家住遠地的工人，擴大加工出口區的勞工庫。而且當時的《工廠法》規定，若未備有女工宿舍，不得要求女工夜間加班。因此園區內的女子宿舍讓女工工時得以延長，這不論對雇主還是對台灣的經濟成長而言都十分重要。[54]宿舍的規定和規律作息也有助於在下班時間約束工人，同時，加工出口區贊助的各種活動能幫工人打發下班時間。健康快樂的工人也等於生產力良好的工人。

加班是當年的常態，工時往往延長到相當於連上兩輪排班。加班很辛苦，也讓身體變差，這點工人心知肚明也身受其苦，但她們並不抗拒。在人人苦哈哈的年代，多上點班就能多賺點錢。同理，加工出口區管理處或是加工出口區內的個別公司蓋宿舍等相關設施，固然不是完全出於無私的心胸，但無損於這些服務對工人的價值。宿舍爲離鄉背井的年輕女工提供了便宜、安全、乾淨的住處，也爲年輕工人創造可以社交與爲彼此打氣的環境。大食堂也一樣讓人感到新鮮。前工人英珠回憶當年在加工出口區的日子：

最好玩的就是我跟人家去上班，那中午還可以去排餐廳，可以自己挑菜吃得很愉快……加工區就是一棟一棟，中間擺橫式的就是餐廳，那這個距離是很大的喔，就像我們現在的科學園區啊。你知道我們什麼都沒有，去到那邊覺得很新鮮啊！[55]

在高雄加工出口區工作讓工人能夠好好吃飯，不論是食物的量還是料理的種類都令人滿意。相較於過去在家裡有一頓沒一頓或是三餐不固定的生活，到加工區工作，飲食確實有明顯改善。出身貧窮農家或漁村的女工對加工出口區的工作之所以語多讚許，伙食也是原因之一。

一切都是為了這個家

對第一代傳統產業工人來說，加工出口區提供了穩定的就業機會。加工出口區的規模以及裡面的工作與宿舍生活，都代表了與原本鄉村環境大相逕庭的現代生活方式，加工出口區的工作或多或少也賦予她們自立的自由度和自主權。不過我們不應該急著把這些效益視爲個人解放。儘管這些變化往往讓工人萌生了新的自我意識與共同體的感覺，但最終並未挑戰資本霸權，只是讓女工的角色從勞動生產者轉變成消費者。更關鍵的是，解放議題的敍事往往是從個別工人與自身父權家庭對立的角度出發，認爲家庭從年輕女性的工資有所得，就等於年輕女性有所失；同理，女性生活的變化被視爲和家庭利益背道而馳。這樣的論述隱含公與私是二元對立的分析框架，認定年輕女性在家庭環境以外的有償勞動參與，讓她們有足夠籌碼行使在家庭中或家庭經濟上不可能實現的能動性。然而，在田野調查過程中，我們一再聽到過去曾是加工出口區的女工說，投身有償勞動市場與個人自由無關，個人成就也未必會和家庭看重的事物衝突。她們也不斷提醒我們，把個人的職涯選擇描述成是自己的決定——或是自己無能置喙、別人替她們做的決定——未必不對，但肯定不夠完整。

當我問起這些「前工人」當初怎麼會決定去加工出口區工作，或是向二十五位船難喪生年輕女工的家屬問起他們的女兒、姊妹怎麼會去工廠上班，許多人都清楚表露出對於自身或家庭處境的複雜心情。他們常常會客氣地跟我說都是出於經濟考量：「工作就有錢，不工作就沒錢，就這麼簡單。」不過有時候也會得到尖銳、直截了當的答案：「呃！不然要幹麼？天天在家裡坐著發呆嗎？」簡而言之，不管是有得選還是沒得選，大家都做了該做的事。年輕女性選擇到加工出口區工作，是因爲家裡需要錢來支應開銷；許多女工也出於類似原因決定不再繼續求學，因爲家裡供不起。（然而值得一提的是，有不少工人後來去念夜間部，繼續升學。她們用加工出口區全職工作賺得的工資，自己付自己的學費。）紀錄片《她們的故事》裡，徐潤招女士的故事就是個典型的例子。徐家住在高雄市郊區，家裡沒有地，父親患有肺結核，不能太過勞累，家裡只有母親一個人賺錢養家。徐潤招說起自己爲什麼年紀輕輕就決定離開學校：

> 我自己想到我媽媽過得很辛苦，工作得不眠不休……我媽媽都要到鄉下去割稻草、種豆子……我下面還有三、四個弟弟妹妹，那時候的人吃得比較差，飯都吃得比較多，一下子就說沒有米了，一下子又說怎麼了。十六歲那一年，那我就講說，我不必念書了，我乾脆出去賺錢。我那時候還很小，就會為家庭著想了。[56]

包括我自己的研究在內，許多討論漢人社會性別與全球工業化的文獻都在探究「家庭問題」——也就是父系意識形態如何與資本主義邏輯同步運作，確保資本積累順利進行，同時保護家庭的集體福祉。儘管在這樣的社會經濟體系裡確實能看到性別不平等現象，尤其表現在資源分配不均上，但我依然認爲家庭至關重要，家庭爲個人的付出提供定位與方向，也爲個人的成就賦予價值和意義。人類學家斯蒂文・郝瑞（Stevan Harrell）根據他在台灣的研究寫下〈漢人爲何賣命工作？〉[57]一文，容我回答他文章標題的這個問句：他們賣命工作是爲了換取家庭的安穩興旺。

台灣工業化初期，旗津人家普遍貧窮，女兒和家人之間的感情羈絆往往表現在女兒如何爲家庭經濟付出。對於初入職場的女工及她們的家人來說，加工出口區不只代表工作機會，更體現了他們嚮往的美好富足生活。高茂的大姊高阿玉在渡船事故中喪生，他把加工出口區稱爲「跳板」。他解釋說，旗津的年輕人如果想過另一種生活，一定要去高雄市區，第一站通常就是加工出口區。高茂的姊姊、高阿玉的妹妹高桂也說：「你去那邊自然就會去高雄市區混了嘛，混了一段時間就會知道這個環境，就會脫離加工區到別的地方去工作了。」[58]然而，到城市工作從來都不只是個人的行動而已，個人跨出的這一步也承載了全家人的希望與願景。

渡船事故罹難者的父母一次又一次跟我說起女兒有多體貼、多孝順。葉家夫婦每次和我談到他們過世的大女兒阿華時，兩人總是潸然淚下。一九六八年阿華小學畢業，那年政府將義務教育從國小延長到國中，六年延長到九年。葉先生鼓勵讀完小學的女兒繼續升學，但是阿華卻跟他說自己想出去賺錢。「我們借錢蓋房子，那時候房子剛蓋好，」葉先生解釋，「她說要去加工區工作，這樣可以幫忙我們還欠的錢。」阿華把薪水全交給父母，葉太太再給她零用錢支應日常開銷。「每次我問她錢夠不夠用，她都說『夠用、夠用，上次給的錢還有剩，』」葉太太回憶，「如果我拿兩毛給她，她一定會再還一毛給我。」阿華的公司會發餐券給加班的員工，讓員工到自助餐廳吃晚餐。不過葉太太說：「她餐券很少自己用掉，她會把餐券拿去換餅乾，帶回家給弟弟妹妹吃，或是把餐券給我用。不然就只吃點麵包，把員工餐打包回家裡給我們吃。她是個好女兒。」葉太太擦了擦眼淚，又說，阿華工作一整天，下班回家還會繼續幫忙照顧弟弟妹妹。就連渡船事故奪走她的性命以後，阿華依然不時回家。阿華進入葉太太的夢中，她躺在母親身邊的床上，向母親道歉自己幫不上忙，沒辦法幫家裡打掃、拖地、做家事。

旗津出外工作的女兒不論是去上班之前還是開始上班之後，都要負責做許多家事，這點確實一如台灣各地的情形。據高茂回憶：

> 我大姊十四歲，國小畢業就先去加工區，家裡不好啦，經濟很差，沒有錢給她讀國中。我大姊，那時候印象，好像小姐一樣呢，她去上班、下班還要幫我們洗衣服耶。我們六個小孩子還包含爸媽兩個大人，總共八個，回來也要幫我們小孩洗澡、洗衣服。那時候沒自來水，都用那個井，還要把衣服拿去井那裡，用井水去洗衣服，我大姊那

時候才十三、十四歲，但根本不像個小孩子。59

在上述這些故事裡，女兒、姊姊乖巧體貼，爲家庭付出、任勞任怨。當然也有一種可能是，死者爲大，所以大家都只說好話，不說壞話。罹難者家屬無疑可以選擇只記得早逝女兒和姊妹的美德。然而他們的悲傷情緒千眞萬確，感激之情也無可置疑。莊國賢是渡船事故後續處理的協調委員會成員之一（參見第三章）。就跟前面提到的葉家夫婦一樣，談起女兒，莊國賢總是必須強忍淚水。莊國賢有兩個兒子、一個女兒。他告訴我們，女兒功課不好，沒有考上初中。在一九六八年義務教育延長爲九年以前，讀公立初中得經過考試。「她跟我說自己眞的很想繼續念書，問我能不能去念私立學校。」莊先生回憶，「我告訴她，我們付不起私立學校的學費。」女兒才在加工出口區工作一年，就因渡船事故喪生。「她前陣子才問我，能不能去念夜間部，我說你想去念當然可以。誰想得到她竟然過沒多久就走了？」渡船事故已經事隔多年，不過莊先生一說到其中有好幾位死者都是家裡唯一的女兒時，依舊語帶哽咽。他認爲船難發生，渡船公司要負大部分責任。翻船事故原本是可以避免的，是渡船公司的貪婪與疏忽，導致他和其他父母的女兒失去寶貴性命。他希望政府記取教訓，嚴格執行監督責任，避免未來再有無辜生命犧牲。

人生未圓滿點出的問題

追根究柢，家庭固然重要，但是家庭內的社會關係也的確不平等。本章看似自我矛盾的標題「舉足輕重的小人物」正是爲了反映這個看似矛盾的現實。一方面，年輕女性渺小不足道，畢竟她們在父系親屬制度裡地位次於男性。身爲父系家族中的「暫時」成員，年輕女性直到結婚那天都是台灣工業勞動市場的臨時工。但是從另一方面來說，年輕女性其實不可或缺，大家默認的暫時身分讓她們成爲雇主偏好的勞動力，也讓她們成爲家庭中的主要收入來源之一。年輕女性在台灣家庭與台灣的出口導向經濟都占有舉足輕重的地位，而這恰恰是因爲台灣父系社會與後來出現的勞動就業市場都占了她們被認爲渺小不足道的便宜。

這不表示父母不愛女兒。女性勞工之所以便宜、隨時可以取代，主要是因爲年輕女性被當成臨時工。大家認爲她們結了婚就會辭職，收入理論上只是貼補家用，因此薪水可以低於養家所需的工資。她們的工作沒有前景，大家認爲她們志不在追求事業發展，只打算工作個幾年，報答父母的養育之恩。女性一旦結了婚，主要責任就是爲夫家傳宗接代，而夫家也將負起照顧她的責任，不論生前還是死後。換句話說，對於台灣父系家族來說，女性的角色在結婚之後就由生產功能轉換成再生產（包括生育）功能。我們也許可以說，在這種家庭制度裡，權利與義務會隨著人生進展逐漸改變，女性也能享有延遲的滿足。簡單來說，她的父系男性親屬及其配偶在結婚後坐享她的勞動成果，同理，她自己結婚以後也能享有丈夫姊妹的勞動成果。這種經濟藍圖背後的文化前提是，女性要順利走過人生的一個個階段，在各階段扮演不同角色，享有一系列不同權利，履行一系列不同職責。為人父母的重責大任之一就是為女兒找到合適的夫婿，讓女兒與丈夫白頭偕老，活出圓滿的人生——這是父母回應女兒犧牲奉獻的道德義務，又或是對女兒孝心的肯定與感謝。

然而，旗津這二十五位年輕女性在渡船事故中不幸早逝，凸顯了斷裂造成的問題。如果女性沒有結婚或是還沒有機會結婚就過世，結果會怎麼樣？這個家庭要怎麼面對社會面和情感面的失落？痛失親友的社群如何自我修復，恢復社會再生產的過程？接下來第三章將會探討這些問題。

第二部　鬼魂地景

滿載七十餘名乘客翻覆的「高中六號」渡輪。
（本報記者鄧長安攝）

1973年9月4日，高雄港打撈上來的「高中六號」渡船。圖片來源：《中央日報》。

第三章　孝順的女兒、虔敬的鬼魂

郭女士是渡船事故中三名罹難者的姊姊，如果要說我們從她身上學到了什麼，那就是：鬼魂是真的，祂們就跟活生生的人一樣真實存在。

郭女士很難找。她知道我跟唐文慧教授想訪談她，所以一直有意無意躲著我們。她在中洲碼頭附近莊老闆開的海產店（參見第一章）做廚房幫手，我們到店裡找了她兩次，兩次都碰到她跟老闆告假，說自己要提早離開去辦點事情，從餐廳後門悄悄脫身。後來透過共同朋友的大力勸說，她才終於同意和我們見面。郭女士原本在兄弟姊妹中排行第二，不過大姊十三歲過世以後，她就擔起了大姊的角色。她有四個妹妹、一個小弟，夭弟是家裡唯一的兒子。一九七三年渡船事故發生時，郭女士已經結婚，生下第一個孩子。她四個妹妹全都搭上了那艘翻覆的渡船，其中三人在那天早上的悲劇喪生。

我們在郭女士工作結束後的一個午後前往她家中拜訪。她坐在小小客廳的沙發上，一邊說話，一邊忙著摺衣服。郭女士告訴我們，父母去世之後，弟弟繼承了房子，三個妹妹都供奉在娘家，她只要一有空就去拜，帶鮮花供在案上。父母去世前交代她要好好照顧妹妹。她說自己很想更常去拜，不過弟弟不希望她再更常過去了：

我昨天去了一趟，但是門鎖著，沒人在家。屋裡黑漆漆一片，神桌上沒點燈……弟弟不管神桌。他常常不在家。我跟他說，他如果太忙，沒空拜妹妹們的牌位，我可以把牌位請過來我這邊。但是弟弟不願意。

我最愛我這個小妹。兄弟姊妹裡我們兩個最親……有幾次我從弟弟家拜完回來，小妹就跟著我——人吼，不要說沒神沒鬼。哪裡是沒神沒鬼？鐵齒的這樣說，但是有神就有鬼啦。有天地才有人啦！（講到這裡，郭女士突然激動了起來。）我去插花，看到她從我們這邊來。我知道小妹想跟我回家。可是我婆家拜的王爺把她擋在門外。王爺認為小妹不是我夫家的家人，沒資格進來。我看著小妹站在窗邊，眼神充滿渴望。我知道她很想進來。

這時郭女士安靜下來，神情黯然。此時此刻，她彷佛又回到了悲劇發生的那天早上，三個妹妹自此陰陽兩隔。然而日子還是要過。渡船事故的四十年後，郭女士自己也已經當上阿嬤。她的小孩都已經結婚，擁有自己的家庭。現在他們夫妻跟兒子一家同住，不過其他幾個孩子都會固定過來看他們。郭女士喜歡聊孫子的事，我們訪問那天也見到了她的金孫，阿嬤說他乖巧又聰明。她也聊到同住的媳婦會幫她燙頭髮，幾年前她丈夫住院時，是如何盡心盡力照顧公公。

郭女士非常呵護自己和丈夫、兒子、媳婦和孫子組成的家庭，不過她也常常想起已經過世的三個妹妹。如果前面那段小插曲讓人有點困惑，那是因爲郭女士常常和已逝的妹妹們說話，講到妹妹的時候也彷彿妹妹們還活著一般；已逝的妹妹依舊在她的生活中占有一席之地。妹妹等於是她孫子的「姨婆」，因此她用「姨婆」來稱呼妹妹。其實在二十五位旗津船難往生者的家屬中，郭女士不是唯一把這些已逝女性稱爲姨婆、姑婆的人。這些年研究下來，我常常聽到家屬們把過世的親人稱爲姑姑、阿姨，往生者當年罹難時都還只是少女或年輕女性的年紀，但隨著時光的流逝，她們也日漸老去，不再是年輕女子，正如她們在世的手足也慢慢邁入中年、老去，爲人父母。有時候往生者家人叫她們姑姑或阿姨之後，還會自己更正說：「喔，不對，現在不是**阿姨**了；她們現在是**姨婆**。」因爲往生者的外甥和外甥女也已經爲人父母。逝者固然已經亡歿，但她們並未就此離去。她們死後依然是社會集體（social collectivity）的一員。

本章深入探討渡船事故發生後，逝去女性及家屬的行動與反應，尤其是家人如何努力幫助往生者脫離永遠無家可歸的命運。觀諸家屬以及地方政府的行動，最引人注目的是他們關心如何消除橫死引起的不安，恢復社會、宇宙應有的秩序，將逝者重新納入井然有序的社群。東亞社會普遍相信，人不論生死，都「微觀體現了全宇宙」，縮小重現了宇宙的基本元素和運行原則。[1]「善終」指的是人在正確時間、正確地點、自然情況下死去——比方說度過了充實的一生，在家人陪伴下與世長辭。善終的人會以祖先的身分重新融入社會秩序。兩相對比，早逝、無後而終、因暴力遇害或是在不對的地方死去（例如客死異鄉），則是「橫死」。鬼魂是橫死的受害者。祂們困在生與死之間，不被接納、不受歡迎，成了令人害怕的不散陰魂。[2]鬼魂破壞了秩序。[3]

因此橫死必須補救，鬼魂必須安撫。人類學家牟里斯・布洛赫（Maurice Bloch）和強納森・帕里（Jonathan Parry）的觀察十分正確：每個文明的喪葬儀式都傳達了「善終」的想法，用來補救橫死或是不夠理想的死亡。[4]台灣的情形無疑也是如此，[5]我從田野訪談和民族誌觀察都清楚看到這點。不過在鬼魂的這套正統觀點之外，我想再指出似乎顯而易見的一點：生與死的再現具有性別與意識形態的差異。[6]我在前面章節也曾提到，船難事故的後續發展不只涉及人對於整個社會集體負有的義務，也關係到置身於對人有高低差別之分的體系中，人何以渴望完成這些義務。

二十五淑女墓

渡船事故的罹難者全都是未婚年輕女性，這點立刻引起公衆關注。這個謎樣巧合不只需要解釋，更需要處理。渡船事故後的幾年間，各種解釋紛紛出籠。有人說這只是單純的意外；有人談到台灣的工資結構，指出這些女性不希望上班遲到被扣薪水。她們往往一早就來到碼頭，是第一批上船的乘客，等到後面的乘客上船，她們就一直被往船艙裡擠，因此困在船艙深處，來不及在渡船沉沒前下船。也有人說，年輕女性一般而言可能更喜歡待在船艙內，不喜歡站在搖晃比較劇烈而且暴露在外的甲板上。另外，儘管中洲是漁村，但許多女性依舊不會游泳，一旦落水無法自救。不論聽起來再合理，這些解釋都無法完全說服旗津當地人，旗津人還是覺得渡船事故蘊含了靈異意義。一個廣爲流傳的故事佐證了這起致命事故的靈異詮釋，故事說其中一名溺水的年輕女性其實當場獲救，送往醫院治療。大家都以爲她熬過了生死關頭，想不到她突然轉向守在床邊的母親，說：「我要遲到了，很多人在等我。現在我該走了。」說完她就撒手人寰，成爲渡船事故的最後一名罹難者。另一方面，爲了讓靈異詮釋玄上加玄，據說船上一名原本已宣告死亡的已婚婦女奇蹟般起死回生。

後來發現，亡故的女性裡有八人不滿十六歲，低於台灣勞動法規准許的工作年齡。[7]當時的《工廠法》規定，工廠不得雇用十四歲以下的勞工，十四歲至十六歲視為童工，只准從事輕便工作。[8]這些年輕女孩到高雄加工出口區找工作時，顯然謊報了年齡（很可能借用了姊姊的身分證）；雇用這些未成年工人的公司確實要求少女們簽署切結書，聲明自己的實際年齡如履歷表所列，只是大概也對履歷表上的謊言睜一隻眼閉一隻眼。台灣許多農漁村家庭沒有穩定收入，孩子急切想到蓬勃發展的製造業找份穩定工作，因此用假身分證找工作之事屢見不鮮。儘管雇用童工不合法，但缺工的工廠對此也不避諱。在當時台灣經濟發展剛起步的狀態下，勞動法規執法鬆懈。只不過這些家庭的女兒等於在公司非法工作，由於違反勞動法規，溺水童工的家屬無法得到勞工遺屬應得的撫卹金。死者的雇主確實另外個別撫卹了家屬，發下些許「慰問金」。慰問金依工作年資而異，不過每個家庭收到的金額都不到台幣五萬元。

渡船事故的後續處理揭開了許多脫序問題，加上為了解決賠償和撫卹等事宜，家屬們選出五位罹難者的父親組成協調委員會，[9]代表二十五位罹難者家庭與高雄市政府及船公司進行協調，特別是協商渡船公司賠償事故中的每位罹難者家屬的賠償金額。二〇一〇年代初，我和中山大學唐文慧教授共同採訪家屬時，幾位父母哀嘆說：「賠償金額太少，連埋葬女兒都不夠用。」[10]罹難者家屬原本打算把女兒各自埋葬，後來在協調委員會莊進春的奔走下，大家同意應該把女兒合葬。不過旗津公墓沒有足夠空間容納二十五座相連的墳墓，在高雄市政府協助下，家屬決定買下毗連公墓的一塊私人土地，面積大約六百多坪，總價約新台幣三十萬元。家屬最後把大部分的賠償金用來買地，渡船公司和高雄市政府也幫家屬負擔了部分喪葬費用。

莊進春退休前在國際漁船及海運公司工作多年，其他家屬和高雄市政府的職員常常形容，莊進春是見過世面的人，自信爽朗、聲如洪鐘。莊進春深感渡船船難是一起重大悲劇。就跟多數受牽連家庭以及我和唐文慧研究過程中接觸到的許多旗津居民一樣，莊進春也認爲渡船公司的老闆要負最大責任，老闆「貪得無厭，才讓船難奪走了這麼多條人命！」他也強烈批評市政府不該把渡船服務外包給私人公司經營。莊進春隱隱指控是官商勾結釀成了這起事故，也堅信大家應該從人命傷亡當中學到一些道德教訓。莊進春主張要好好紀念這起悲劇，提醒大家交通安全的重要。

對當地社群來說，渡船事故也是一個鮮明的提醒，提醒住在地理孤立的旗津島上的中洲居民，原有的交通服務多麼不足。交通問題確實一直是當地居民談渡船事故的主要角度。如今事過幾十年，我們向當地居民問起事故對旗津有什麼影響，包括罹難者家屬在內，我們最常聽到的回答是，二十五名年輕女性犧牲生命，爲當地人換來期盼已久的交通建設，像是過港隧道，還有設籍旗津者可以免費搭乘的公營渡輪。

莊進春向當時的高雄市長王玉雲建議，爲了紀念這起悲劇，應該把造成奪命船難的船隻殘骸展示在碼頭沉沒處附近。不過市長沒有採納他的提案，認爲如果眞要紀念事故，不如在逝去女性的墓地立私人紀念碑。市長的理由是，如果把紀念性殘骸放在碼頭，罹難者家屬會深受影響，被迫一再想起船難悲劇。莊進春同意市長的考量，改將力氣放在爲往生者建立合葬墓地。[11]莊進春認爲，合葬墓可以提高社會對渡船事故的關注，他也強力要求市政府應該親自營運渡輪，不可繼續將服務外包。

不是每個家庭都認同莊進春要好好紀念渡船事故的看法，不過他們仍配合莊進春的規畫，原因之一是他們很高興有人願意操心女兒的喪葬事宜，讓他們有機會省錢，也有些家庭可能是因爲鬼神信仰的影響而願意配合。爲了淨化二十五名年輕女子橫死所沾染的穢氣，幫助她們平安踏上黃泉路，家屬在當地一座廟宇的集體墓葬儀式上燒了一艘王船。一般來說，燒王船是地方人群集體參與的公共送瘟儀式一環，當代最著名的例子是南台灣東港鎮的迎王祭典。[12]至於這裡爲渡船遇難者舉行的燒王船，則是只有幾個家庭參與的私人事件，他們燒的王船是縮小模型，不過依然有類似的淨化目的。最年長罹難者莊月桂的大姊說，燒王船的時候，灰燼飛的樣子很不尋常，不像一般那樣飛向四面八方，而是先直衝雲霄，再飄向西方，往極樂世界的方向飄去。請示地方神明之後，家屬了解這個徵兆表示二十五位女性不應埋骨地下：灰燼將她們全體帶到了天界。[13]

然而，儘管家屬都同意將女兒合葬，還是有其他阻礙。漢人習俗強調喪葬儀式必須配合生辰八字，這不只關係到往生者的冥福，也會影響往生者家屬的運勢和未來的前途。[14]二十五位罹難者中，除了有三位是郭女士的妹妹，另外還有兩對姊妹，總共二十一個家庭，實在很難有一個十全十美的安葬方案，既照顧到溺水早逝女性的需要，又能兼顧每個家庭的要求。我們訪問莊進春時，他重溫了當年面臨的挑戰：

（因為每個人八字都不一樣，）有幾家想把女兒埋在（墓地的）東邊或北邊，有幾家想要墳墓朝北或朝南。墳墓的順序也是一大問題。誰應該埋在

二十五淑女墓。圖片來源：唐文慧、陳昱名提供。

中間、誰要埋在前面、誰要埋在哪裡……大家意見很多。合葬的構想破滅之前，我跟大家說：「如果我們要讓女兒合葬，怎麼可以有這麼多不同的個人意見？這裡我們想要辦成的最重要的一件事，就是建立集體紀念地，讓這些年輕女性可以被永誌不忘。」當然還是有幾個家庭擔心這擔心那。不過後來我說：「就做吧！如果上天要降下什麼責罰，就都降在我身上。我準備好擔起一切責任。」我發完重誓以後，每一家就都同意了。

二十五座墳墓最後決定排成三列，按照往生者的出生日期，年紀最長的往生者墳墓坐落於後排中央，兩側是次年長的兩位，依序排列，所以年紀最小的墳墓就位在前排末端。每塊墓碑都放上了入土墓主的照片。下葬確實是一項集體任務，二十一個家庭都至少必須派一位家人參加。考慮到每位罹難者和家屬的風水需求，安葬的時間也經過精心計算。爲了表示支持，高雄市政府在二十五座墳墓後方立了一座紀念碑，銘文說明這座合葬墓是爲了紀念二十五名年輕女子，她們尚未結婚，卻因渡船機件失靈而在船難中喪生。

墓地前方還立了一座小牌坊，刻上「廿五淑女之墓」，標誌墓地的存在。家屬選擇用「淑女」一詞來紀念死去的女兒，「淑女」代表美麗、賢淑、高雅的待嫁女子——具備傳統倫理頌揚的各種女德。然而高雄女權會有些成員並不認同這種觀點，她們認爲「淑女」在此是貶義詞，顯示了家屬對罹難者的歧視態度，我會在後面章節進一步討論這個問題。二十五淑女墓與姑娘廟不同，姑娘廟供奉無家可歸的未婚女鬼牌位及她們的骨甕或骨灰罈；[15]二十五淑女墓則是安葬了渡船事故罹難者的遺體，至於往生者的牌位是由家屬自行決定，各自供奉在不同地方。[16]

一九八八年，政府為擴建高雄港，徵收了旗津公墓及毗鄰的淑女墓等土地，合葬墓及公墓內的其他墳墓均遷葬新址。二十五名罹難者合葬墓地所在的土地是由家屬出錢買下，要徵收自然得進行補償。高雄港務局原本提議將二十五淑女墓原址保留，淑女墓畫入擴建後的港區，同時發給家屬進出墓地的特別通行證。但由於牽涉到國際貨櫃港運作的複雜法規，這個方案很快就出局了。補償談判陷入僵局之際，地方上開始流傳出現二十五名白衣女子，由年紀最大的一位領頭，她們即使大白天也會現身，為自己爭取權益。不論真實與否，這則靈異故事可能帶來了一些道德壓力，迫使地方政府出面，代表往生者與其家屬介入協商。最後，在高雄市長辦公室施壓下，高雄港務局為遷葬工程支付了新台幣一千萬元（畢竟港務局怠忽職守也是造成一九七三年渡船船難的間接原因），這筆補償金用於負擔遷址後第二座淑女墓的土地收購、遷葬儀式相關花費、景觀設計與維護，還有興建墓地的辦公室、涼亭、公共廁所等設施的費用。這筆錢也協助建立了持續維護墓地所需的共同基金，只是這項基金很快就見底了。舊的紀念碑從中洲的第一座墓地遷走，重新豎立在新的二十五座墳墓後方。市政府也協助在墓地新址入口建了一座更大、更顯眼的牌坊，刻著「廿五淑女之墓」。

我會在後面的章節深入討論國家行動者的角色，這裡值得一提的是，由於高雄港擴建計畫，從一九七三年的最初合葬到一九八八年的遷葬，高雄市政府持續扮演調解者的角色，不過情境與目標似乎隨著時間推移而有所改變。渡船事故發生當年，台灣受國民黨一黨專制統治，經濟即將起飛，公共討論主要聚焦在事故的悲劇性。高雄市政府的主要目標是向渡船公司究責、協助家屬儘快安葬死者，以安撫地方社群。與此對比，將墓地遷葬至現址的第二次安葬發生在一九八八年，當時的反對黨民進黨才剛

「廿五淑女之墓」牌坊。圖片來源：唐文慧、陳昱名提供。

成立兩年，距離解嚴也才一年的時間。各政黨無不積極爭取選民支持，要掌控高雄市議會，也要爭奪台北的立法院的席次，競爭愈發激烈。[17]政治氛圍的變化或許促使高雄市長辦公室更願意傾聽甚至積極回應市民的需求，尤其面對的是奪走二十五條人命的渡船事故，處理這類地方重大事故無疑需要用心。[18]市長辦公室在前後兩次調解的策略明顯不同，密切反映了時移世易下，處理對象從地方社群演變為城市、國家的空間尺度變化。

至於第三次安葬——將淑女墓改造成目前的公園形態——同樣又涉及另一套空間策略。原墓地位於旗津島上相當偏僻的角落，不會有太多外人前往，相較之下，墓地新址坐落於幹道旁，面向台灣海峽，坐擁海洋與海岸的美景。二〇〇〇年代初以來，二十五淑女墓對面的公有地一直是海濱公園的一部分。因此，墓地的整修也說明了地方創生是高雄後工業經濟中的重要目標之一。

親屬關係、家族、性別

對於地方政府部門來說，渡船事故至此已經獲得相當圓滿的解決，釐清了渡船公司老闆、船長及相關各方的法律和政治責任，二十五名罹難者入土為安，罹難者家屬也得到了經濟上的賠償。但是對於失去女兒的悲痛家庭來說，他們還有任務未了。家屬得面臨更艱鉅的挑戰，也就是如何定位未婚逝者的鬼魂。第一章曾談到漢人民間信仰中神明、祖先、鬼魂三方的宇宙秩序，家屬的憂慮和這套宇宙觀密切相關，性別在其中更是關鍵。簡單來說，兒子生來就隸屬於父親的父系家族，有資格在父親的祖先供桌上占有一席之地，死後自然成爲祖先。但是女兒卻沒有這種特權。女兒在父親家裡只是暫時的成員，但可以透過婚姻加入丈夫的家庭，永久融入丈夫的父系家族。

這樣的親屬關係概念要如何套用到旗津的情形？

中洲雖然是多姓村，但是擁有共同男性祖先的同姓人群多半住在同一個街區，凝聚在同一個祠堂之下。祠堂的存在能夠鞏固父系權威，是確保家族向心力的一大關鍵。[19] 涂懿文和唐文慧的研究以中洲村一戶高家爲中心，說明了父系家族的影響力。[20] 高家在渡船事故中失去了長女阿玉，阿玉的父母高阿右夫妻生有六個孩子，四女二男，除了早逝的阿玉和患有精神疾病的二兒子以外，剩下四個兒女目前都已結婚。三個結了婚的女兒都從夫居，和丈夫跟孩子同住在高雄市其他行政區，但她們常常回來旗津幫忙照顧年邁的父母。目前和高阿右夫妻同住一個屋簷下的，是兩個兒子以及大兒子的妻子跟小孩。

對於高家夫妻和兩個兒子來說，社會的基本單位一直都是**家族**（**lineage**）而非**家庭**（**family**），成員包括所有男性的高家子孫，以及住在附近的高姓親戚。高阿右說，高家從他曾祖父那一代起就一直住在中洲。一代代下來，子孫開枝散葉，家族愈來愈大，高阿右形容高家是「生活在海上的一大家子」。鄰里的空間配置反映了社區的緊密關係。高阿右的父親有六個兄弟，他自己也有四個兄弟，小弟二十多歲就過世了。剩下的幾兄弟，包括高阿右在內，一輩子都住在同一列房子。高阿右指著自己的房子說：「這整排（住的）都是我們親戚，這邊這塊、前面喔，都是我們兄弟。」[21]

高家宗祠坐落於高家聚落的中心。宗祠是傳統的四合院建築，高家定期在此集體祭祖；子孫若有婚喪喜慶等大事也要到這裡向祖先報告。年輕一輩——像是死去女工高阿玉的弟弟——至今仍然遵循傳統習俗。[22]阿玉的弟弟高茂娓娓說明：

> 我們的公廳那邊，有往生的人就是在那邊啊，沒有在家裡。就是拜祖先在那邊拜，喪事也是在那邊弄，結婚也是在那邊拜啊，像是女兒出嫁也要去那邊拜祖先，結婚那天，新郎來娶的時候啊，也是要去那邊拜祖先，說我家女兒要嫁了，跟祖先報備一下啊。像我是長子，我要結婚那天晚上，要到那邊拜玉皇大帝、拜祖先耶，那時候我家還有請布袋戲去那邊演（慶祝家族順利延續）。
>
> 我們就是過年過節拜祖先會去拜啊，啊可能一年會輪到一個月要去那邊打掃，因為我們家族很多戶嘛，一戶一個月去那邊負責打掃……比如說這個月輪到我們這家，我們就要負責拜，要打掃公廳，遇到節日的時候，我就要負責去用拜拜的東西……因為

> 現在家族越分越多戶了，要拜拜都要在那邊擠、在那邊擠。[23]

集體祭祖表示要遵守固定時間。有時候高茂也會想，如果把祖先牌位供在自己家裡，會不會更方便、更有彈性。「如果能自己拜比較自由啦，我要什麼時候拜都可以。」高茂解釋。「因爲我們家裡樓上現在自己也有安那個神位嘛，請那個神明和菩薩回來拜，有那個神桌，我就想說，乾脆以後把祖先也請回來自己拜這樣子，但是我父親是比較不同意。」[24]於是高茂和父母依舊和高家親戚一起在宗祠祭祖。家裡的神桌則供奉了觀音菩薩的令牌，以及渡船事故中喪生的大姊的金身菩薩。[25]

家族宗祠的存在也進一步表示，個人的命運與同一父系家族的子孫（或親戚）交織在一起，因此個人的事情絕對不只關係到個人，可能會嚴重到影響全家族的運勢，也會影響家族各成員的前途。親戚住在附近也代表個人的一舉一動隨時都受到旁人關注。[26]親戚的目光——還有隨之而來做事要獲得親戚認同的壓力——不只影響生者的生活，也影響生者對待逝者的方式。於是，決定二十五名逝去女性鬼魂命運去向的，不只是她們的父母，其他父系親戚（尤其是長輩）也常插手干預。

神明的誕生

重男輕女的父系家族觀過去主宰了旗津的社會生活，今日依然。因此二十五名逝去女性的父母面臨雙重的難題，一方面他們想替遇上悲慘事故不幸早逝的未婚女兒確保最後的安息之所，一方面又要承認女兒本質上是外人、陌生人，因此對原生家庭來說不是祖先，是鬼魂。

撇開禮法不談，在渡船事故中失去女兒的父母毫不懷疑自己的女兒有多孝順。我們在研究過程中遇到好幾對父母，淚眼婆娑地告訴我們女兒有多體貼，了解父母要養活一大家子的辛苦。他們訴說女兒如何無私地分擔父母的重擔、照顧弟弟妹妹，永遠把家庭的需要擺在自己的願望前面。其中幾位還提到，有人看到他們過世的女兒身穿白衣回來探望，確定家人一切安好。接受我們訪談時，到處奔走促成合葬的莊進春憤憤不平地回憶，根據漢人習俗，比老父老母早逝的女兒是不孝女，父母要在葬禮上鞭打女兒的棺材。他說：「這根本是胡說八道！怎麼會有人捨得認爲這些女孩子不孝？她們是乖巧的好女兒。屍體從水裡打撈出來的時候，有些女孩嘴裡還含著飯……她們老是急急忙忙趕搭早班渡船，早餐都是囫圇吞棗。她們在水裡拚命憋氣，一陣噁心，把食物全都吐了出來……認眞說起來，怎麼會有人想要責怪她們？」莊進春在葬禮上阻止了幾位父母鞭打女兒的棺材。不過說到未婚過世的女性牌位要供奉在哪裡，他也有一套清楚的看法：「自古以來就是這樣：沒有父母拜死去孩子的道理，（未婚）女兒的牌位不能迎回家。」

父母於是陷入兩難：一方面擔心女兒的永世安寧；另一方面，傳統價值又不允許未婚過世的女兒加入父系家族的祠堂。傳統上，冥婚是解決這些家庭煩惱的一種方法。冥婚一般是應亡故女性的要求而安排。[27]不過據我和唐文慧教授所知，二十五名年輕女性裡，只有一位回來表示有意結婚。我們聽到的故事是，一名來自附近城鎮的男子寫信給旗津區公所，詢問二十五名逝者中某一位的地址。男子表示，有人託夢告訴他，這名女子在找丈夫。在旗津區公所協助下，男子順利找到了這家人，告訴他們自己願意冥婚。但是這名女子的父親拒絕了這門親事。我們並不清楚拒絕的理由，之後家人沒有繼續幫女子尋找適合的冥婚對象，不過逝者也沒有繼續要求。她的家人就跟大多數罹難者家庭一樣，另尋了其他方法來照顧女兒。

合葬完成之後，距離渡船事故也過了好幾年，有幾個喪親的家庭表示他們開始遇上靈異事件。例如本章開頭的郭女士告訴我們，她的父親有好一陣子難以吞嚥食物：「他覺得喉嚨裡有東西卡住了，但是醫生檢查不出問題。」無獨有偶，高阿右先生的妻子也記得丈夫老是頭痛，「好像有人坐在他頭上。」醫生找不出症狀的可能病因，這些家庭於是轉向乩童，改請地方神明指點迷津。協調委員會另一名成員莊國賢向我們解釋了請示神明的原委：

> 我是從太太那裡聽說的……最開始是巷口那家的母親，她去問村裡的童乩家人怎麼會莫名其妙生病。童乩告訴她，這些事件是她女兒顯靈。不過她不用擔心，她的女兒現在正在觀音身邊修行，即將得道。童乩也建議這位母親，可以為女兒裝一尊金身，供奉在家。

人類學家焦大衛（David Jordan）形容，乩童扮演了台灣農村社會中的「主要宗教調停者」。[28] 乩童負責診斷哪些家庭或村莊的失和問題是鬼魂顯靈造成，乩童也追索家族樹或村落史。乩童驅魔除邪，他們以降臨到他們身上的神明之名行事，是此神明力量的化身。乩童給這位喪女之母的開示，意思是說，她的女兒不再是不能入祠堂的未婚女鬼，女兒如今是觀音菩薩的侍女，是即將得道的神仙，可以讓信徒迎回家供奉禮拜，包括以前的家人。乩童的說法爲這位母親提供了文化習俗認可的方式，讓她能夠爲未婚的亡女提供永久又受人尊敬的棲身之所。

隨後，許多家庭都提到類似故事。有時候故事跟生病沒關係，可能是發生了不幸事件，像是出車禍、丟掉工作、破財等等；有時則是出現不可思議的現象，像是家裡香爐的殘香在不明原因下自己燒起來。這些逝去的女性也常常親自託夢給父母（或是入其他家人的夢），提出明確要求。不久之後，二十五名女性之中，有二十二人得到了金身，有些是直接託夢要求，有些則是透過乩童轉告。部分對這些女性故事知之甚稔的人說，死者之所以沒有回來要求冥婚，可能就是因爲她們要成爲神明，「神明不結婚。」我們問起爲什麼剩下的三個人沒有裝金身，答案是她們沒有回來要。不過其中一位父親也明白直言，就算他幫女兒裝了金身，不管女兒是神也好、不是也罷，如果他們夫妻去世以後金身沒人拜，女兒一樣無家可歸。因此他決定把女兒的牌位永久供奉在高雄縣（今高雄市）一座佛寺。他認爲這是很好的安排，廟方會天天爲牌位燒香拜拜，他也捐獻了新台幣一萬多塊，作爲永久維護的費用。

有一個故事提到神格化的其他問題。罹難者當中最年長的莊月桂託夢顯靈，說自己被天庭的玉皇大帝封爲一妙菩薩。莊月桂選擇了自己的大姊當乩身。莊大姊表示妹妹奉玉皇大帝之命駐守妙玄宮，保佑前來求助的善男信女。莊月桂在二十五人之中格外引人注意，不只因爲她年紀最長，也因爲她教育程度最高。大部分罹難者都只念過小學，莊月桂則是高中畢業。（第二章曾提及，當時旗津的整體教育程度落在高雄市各區之後。）她原本跟其他類似教育背景的多數同齡女性一樣，高中畢業就去學一技之長做裁縫，後來覺得做衣服太勞累，才決定去高雄加工出口區做會計。這點也跟其他人不一樣，另外二十四位罹難者多是生產線女工。莊月桂還已經訂下親事，原本預計在渡船事故的下個月舉行婚禮。渡船事故發生那天是她新工作上工的第一天。莊月桂升仙成爲一妙菩薩，加上選擇大姊做乩身，是鬼魂神格化的經典情節。[29]神格化鬼魂的乩身多半自己在家中開設私人神壇，會來拜託這類鬼神的大部分是服務個人的功利性請求，像是治好某個病人、尋找失物，或是詢問生意投資的成功之道。鬼神和大廟的神明不一樣，鬼神不管公共利益。是故鬼神的信徒也往往來自鄰里的一般邊界之外，呼應鬼魂不融入正統宇宙的處境。[30]這些特徵在一妙菩薩的故事裡全都歷歷分明。

莊月桂不是第一個回來要金身的，但是只有她選擇了乩身來顯靈展神威。莊月桂的大姊（也是一妙菩薩的乩身）說：「妹妹在百日前夕入我的夢。」莊大姊說：

她穿那種像做戲穿的衫，披著一件披肩然後戴帽子，那個身上都戴得金光閃閃喔！她頭一次回來跟我說我們的牆壁有一個那個仙桃啦！很大！我說你要的話我就拿給你！她說：那個我們那裡有很多！那天晚上之後，她幾乎天天都來，也會入我們外甥女的夢，還有爸爸的夢。但是從來不入阮阿母的夢，她知道阿母看到自己顯靈，想到自己已不在人世會難過。

阮阿母最後終於去問童乩這些夢是什麼意思。童乩開示說，阮小妹要做神，要幫她裝金身。我聽了就跟阮阿母說不好！不要這樣隨便亂弄！我們說一句比較現實的，我們沒那個好運，就因為她過世而已，就可以做神喔？

我就一直阻止阮阿母，一講出這些話，哎唷，阮小妹就糟蹋我喔！糟蹋我人喔。她天天來找我，我在這邊坐著就難過了！坐下就站不起來，站起來又走不動。有時候我整個人僵住，十分鐘完全動彈不得。我全身這裡痛那裡痛，痛了兩年多。

我問她有沒有想過去看醫生，她回答說沒有，因爲「做工作的時候就不會！」我又問她有沒有懷疑過是妹妹弄的，她說：

沒有——後來連我先生也開始身體不舒服，難過到不能出海捕魚，我們才覺得奇怪。鄰居也注意到不太對勁。村長問我們，我先生現在怎麼都不出海，村長太太建議我先生去看醫生。我們最後去請示神明，連問了**三尊**神明！後來我們兄弟姊妹湊錢替小妹裝金身，我們身體才好起來。金身迎回來之後，供在我爸媽家裡拜。

又經過一年左右，莊月桂才宣布自己如今修道成神，準備救人救世。莊大姊解釋，這是因爲修行悟道需要時間，要分階段完成。（接下來幾年，一妙菩薩確實不斷晉升，也得到玉皇大帝賜與的新封號，每次晉升都會爲神壇改名。一妙菩薩是我們訪談莊大姊當時莊月桂的封號。）這次一妙菩薩一樣指名莊大姊擔任乩身。就像注定要當乩童的人的典型經歷，莊大姊一開始很抗拒，身體因此再次飽受折磨。後來兒子發高燒，最後喝下一妙菩薩的符水治好，當兵時又受到一妙菩薩的庇護，事先得到警告逃過蛇咬、觸電等意外事件，莊大姊才終於相信妹妹的神力。一妙菩薩向莊大姊說明，自己做這些都是爲了母親，莊大姊更加深信不疑了。莊大姊補充：「阮阿母告訴一妙菩薩，她好不容易把女兒拉拔長大，除非女兒的死是爲了更崇高的目的，不然實在無法接受女兒就這樣悲劇離世。阮小妹因此不得不懇求玉皇大帝恩准她下凡救世。」

自此之後，莊大姊開始擔任妹妹神靈的乩身。莊大姊表示，一妙菩薩多年來運用神力幫助世人，展露了好幾個令人難忘的奇蹟，包括治好老婦人的慢性病、幫助婦人的兒子賺錢（這是在家人圈之外展現的第一個神蹟）、幫一位婦女找回掉在普通旅館的金項鍊，還幫助一位債台高築的生意人東山再起。一妙菩薩也幫忙了幾位同在旗津船難中喪生的「姊妹」升仙（據莊大姊說有十到十二人）。一妙菩薩顯靈開示說，這幾位女性都在天庭修行，於是其家人便爲她們打造了金身。

相信、保留與矛盾心情

鬼魂插手世事。鬼魂會起而行動、與人互動，也會表達不滿。不過鬼魂無法解決造成自己不滿的問題根源，只能仰賴生者代替祂們介入。台灣父系社會制度期待家中女兒未婚前爲原生家庭努力付出，但在親屬結構上卻又視她們爲外人，未能給予她們與其對家族貢獻相當的獎勵。因此，我把罹難者家屬目睹的靈異現象視爲已故女性展現能動性之舉——或者也可說這是家屬們認爲這些女性擁有的能動性——其源自於她們尋求父系社會制度認可的欲望。異曲同工的是，罹難者父母對女兒未婚早逝傷心難過，覺得她們不但沒有得到與她們對家族貢獻相當的獎勵，還要淪入無家可歸的命運，是以逝世女性從不能加入父系家族祠堂的女鬼，變成可以迎回父親家裡、供奉在神桌上接受祭拜的神明，這個轉變爲她們父母提供了傳統文化認可且尊敬的解決方法，可以照顧女兒的永世安寧。這個做法也回應了父母的願望，補償女兒應有的待遇，取代她們在結構上代表的意義。不過有意思的是，許多女兒的金身雖被迎回父親家裡供奉，大部分都不是和父系家族的祖先及其他神明一起供在家中的祖先桌上。祖先桌是私人家庭裡正統恭敬地供奉祖先與神明的地方，女兒的金身則另外供在自己獨立的神龕，設在屋子不同樓層。有些女性是由保安金山寺（當地人口中的三媽廟）的神明認定爲神靈。保安金山寺原本是中洲郭家設壇禮拜的私人觀音壇，隨著時間經過，由於神明靈驗，附近社區居民都來參拜，神壇便發展成香火鼎盛的寺廟。女兒在保安金山寺封神者，金身也交由寺方的管理委員會祭拜，由一妙菩薩神化者，金身則加入妙玄宮神壇之列，至少一開始是這樣安排。也有人把金身託給其他寺廟或神壇，神明（透過乩童）肯定了女兒的神格地位。[31]

這些女性的金身各自供奉在不同地方，說明了許多罹難者父母對於女兒神格化宗教地位的矛盾心情。漢人民間宗教一直以來都「富有彈性又重視個人需求，畢竟沒有單一的權威、教會或神權國家負責制訂教條、決定信仰」。[32]因此理論上，任何靈體都可以成爲神、獲得神格或達到接近神的地位。但是實際上，靈體能不能讓人相信自己擁有神格，深深取決於其靈力或神威，也就是靈體能不能實現請求或賜予恩惠。[33]爲靈體裝金身非同小可。打造金身之前，靈體理應已先顯過神蹟、利益世人；金身裝好之後，靈體（或神明）和金身打造者之間的關係就此穩定確立，人神之間建立了互負義務的連結。[34]私人神像可以供奉在家中神龕。但是這些神明能不能吸引到家人之外的信徒，擴大勢力，發展成鄰里、村莊甚至更廣大地區敬拜的神明，端看祂們能不能創造神蹟。[35]

面對去世的女兒回來要求幫她們裝金身，靈驗與否顯然是家屬的考量之一。這些女性提出要求時年紀都還很輕，實在讓人難以信服她們真的已經升仙成神。如果她們家裡的一家之主是祖父而非父親，懷疑之心又更溢於言表。高阿右家就是一例，高阿右發現自己頭痛是因爲正在修行成神的女兒顯靈，便準備實現女兒的心願，但是高家阿公不同意，他說：「那孩子，現在幾歲？她沒做過什麼了不起的事，幫她裝金身眞是太亂來了！」後來高家阿公請孫女幫忙治好了感冒，才同意替她裝金身。高家是第三個滿足女兒要求的家庭。高家女兒自稱的神格地位，獲得坐落在高家對面的保安金山寺的神明三媽認證。高阿右自此不再受到長期頭痛折磨。有時候二十五淑女的祖父母實在反對甚力，父母必須等到老一輩去世或不管事後才能採取行動。面對這種情況，父母只好等自己當家做主之後，才開始認眞處理女兒的要求。

莊國賢也說了一個類似的故事。太太回家告訴他自己從街尾那家母親聽說的事，莊國賢心裡半信半疑。他沒有立刻認同裝金身是適合女兒狀況的做法，他解釋是太太很想爲女兒裝金身：「阮某回來告訴我這個故事，之後也去請示同一個童乩。童乩開示說，我們的女兒也成了觀音的侍女。後來阮某一直求我、一直拜託，哭了好幾次，要我同意幫女兒裝金身。」

莊國賢沒有馬上同意。後來他跟高阿右一樣，也長期受頭痛之苦，但是醫生找不出病因。大家告訴他，這是他女兒顯靈，要他裝金身給女兒。然而莊國賢還是不認爲女兒的要求有道理。直到後來他喝了一杯從二十五淑女墓取來的水，治好了感冒，這才認同女兒展現的神力足以爲她造一尊金身。另一位喪女之母告訴他，有人看到一對夫婦每逢初一、十五都去淑女墓拜拜，感謝二十五淑女在丈夫船難時指引他登上最近的海岸，救了丈夫一命，這件事讓莊國賢更加相信女兒的神格，加上有人看到莊國賢女兒生前住的房間發出紅光，彷彿正在燃燒，請示乩童之後，莊國賢得知這也是女兒顯靈，不久後便爲女兒裝了金身。

死去的女兒顯靈導致家人先是莫名其妙生病，之後病又被女兒治好，許多家庭都用這類事蹟來證明女兒的神力。不過許多人依然心存懷疑，像是前面提到的莊進春。有些父母認爲這些年輕女性如今已是觀音的侍女，便將女兒的金身供奉在保安金山寺，莊進春批評這麼做相當不妥。他不認爲死者已經證明自己位列仙班，有資格在村廟接受一般大衆敬拜。莊進春也爲女兒裝了金身，但這是他與妻子之間的痛處。莊太太一聽說有這個選擇，立刻就想爲女兒裝金身，但是莊進春堅決反對，認爲女兒沒有這個資格。最後莊進春爲了家庭和睦而妥協。他把女兒的金身供在家裡，不過不是和莊家祖先及其他神明一起供在祖先桌，而是供在屋子另一層樓的獨立神龕裡。「父母拜比自己早死的孩子實在沒道理。」這是莊進春的說明。與此類似，尋求一妙菩薩幫助的信徒幾乎都來自外地。我們問莊大姊怎麼會這樣，莊大姊委屈地說，中洲當地人往往對這些死去的女性不以爲然，他們會說「喔，那二十五個……」莊大姊說這些當地居民是「未開悟的非信徒」，老是講一些看低人的話，像是「這些人遇到事情去拜一妙菩薩是有什麼毛病？如果眞的遇到困難，怎麼不去拜廣濟宮這種大廟，反而要去拜這二十五個什麼的？」當地人稱爲「大廟」的廣濟宮，是大家公認中洲最有威信、也是最大的村廟，是地方信仰中心，原本供奉媽祖和觀音，[36]一九七五到一九八七年間的高雄港擴建計畫致使附近許多村莊的廟宇遭到拆除，所以後來廣濟宮也供奉了鄰村這些廟宇的主神。[37]中洲人把妙玄宮這種私人管理的小神壇，拿來和廣濟宮這種擁有廣泛社群支持的大廟宇相比，其實是在質疑這些鬼魂看來不注重正統信仰的認可，硬是闖入仙班，到底有沒有資格稱爲神明。[38]歸根究柢，中洲社群整體上似乎並不相信這些女性顯靈的事蹟。

「鬧鬼」是二十五淑女故事的核心。一方面，台灣民間宗教信仰向來認眞相信鬼魂及各種靈體的存在，大家認爲鬼魂可以對活人生活的環境造成實際的影響。本章敍述二十五位淑女的家屬如何迫切希望安撫女兒的靈魂，這說明了生者與逝者之間仍存在複雜的糾葛。但是另一方面，台灣許多參與二十五淑女墓正名運動的女性主義者之所以提起鬼魂，是把鬼魂當成爭取性別平等的道德資源與政治策略。她們的做法具體反映了近來的「幽靈」轉向，也就是強調縈繞不散的陰魂可以喚醒社會認識歷史的集體能力，認眞面對過去的暴力和苦難。民間宗教與女性主義這兩個面向各自代表了人類學家瑪莎・林肯（Martha Lincoln）與布魯斯・林肯（Bruce Lincoln）定義的兩種「鬧鬼」：實際鬼魂造成的「直接鬧鬼」（primary haunting），以及隱喻式的所謂「間接鬧鬼」（secondary haunting）。[39]分辨兩種「鬧鬼」十分重要，這可以幫助我們回答幽靈學（hauntology）研究提出的一項根本問題——誰受到誰的陰魂縈繞，發生在什麼情況下，又是出於什麼原因？[40]本書探討了各種與幽靈的連結，說明鬼魂與「鬧鬼」的出現——不論是「直接鬧鬼」還是「間接鬧鬼」——必定是在特定情況下發生在特定人物身上，而且不同連結各自具有政治上和道德上的不同影響與意義。接下來第四章將轉而討論由台灣女性主義者代表的「間接鬧鬼」。

第四章　溫順女性、勞工英雌

如果就連罹難者家屬都不完全相信女兒的神格，那麼廣大社區自然更不會輕易買單。第三章提過一個貼切的例子：一妙菩薩的乩身、也就是莊月桂的大姊告訴我們，旗津當地人對一妙菩薩及其信徒救世助人的能力與神蹟並不以為然。我在高雄做研究的時候聽過一個在當地流傳甚廣的故事，同樣印證了地方的類似觀感。一個寒冬深夜，有位計程車司機在旗津二十五淑女墓附近載到一名年輕女子。上車後，乘客向司機解釋她隔天早上要結婚，她怕來不及在新郎來接她之前準備好，因此決定提早去市區做頭髮。司機依照她的指示，把車開到了高雄加工出口區附近的暗巷。一小時後，司機又應年輕女子要求，開車來接她回家。女子做完頭髮看起來美麗動人。為了保持清醒，計程車司機開始和乘客聊天，聽客人說她的坎坷人生。她家境清寒，小小年紀就離開學校到加工出口區的工廠做女工。她的薪水照顧了家人的生活，也幫忙付兄弟的學費。辛苦工作了這麼多年，如今她終於找到結婚的好對象，自己唯一的心願就是和新婚丈夫好好過生活。

計程車司機已經開車開了一整天，疲憊不堪，愈來愈昏昏欲睡，兩人聊天有一搭沒一搭，沉默了一陣子。車子開到年輕女子一開始上車的二十五淑女墓附近，司機客氣恭喜乘客即將新婚，問說要在哪裡放她下車。然而黑漆漆的四周只剩一片死寂。他看看後照鏡，一個人影也沒有。他不敢相信自己的眼睛，開始害怕自己是不是撞鬼了。嚇出一身冷汗的他，立刻掉頭開回家。隔天早上醒來，他驚恐發現前一天晚上從神祕乘客那裡收到的鈔票竟然是紙錢。

有時候故事講法不太一樣。主角不是計程車司機，可能換成是機車騎士載到女孩子。有時後座的年輕女子直接消失不見，或者根本沒有女子現身，但是機車半路熄火，或是騎士忽然莫名其妙摔車。不論是汽車還是機車、男子是在哪裡或怎麼碰上這種事情，或是年輕女子如何消失，一般人普遍都能理解這是怎麼一回事，進而同情這位男子面臨的情境。年輕男子遇到年輕貌美的女子，最後發現女子原來是女鬼，這是古典文學、民間故事與大眾文化的常見主題。[1]人們往往會說這些女子是在找丈夫，尤其是那些尚未結婚就過世的女性。沒有人會想要遇見鬼，大部分的人甚至會儘量避開遇鬼的可能——不過遇見美麗的女鬼有點微妙。旗津附近的中山大學曾經對學生做過一項調查，二十五淑女墓是學生間會拿來說笑的話題，[2]男同學會開玩笑地提醒彼此，如果要騎機車經過墓地，記得找個女生朋友坐在後座，以免意外和其中哪位淑女「浪漫相遇」。害怕、避忌、嘲弄、興奮——逝去年輕女性的「淑女」身分激起了種種情緒，正是這五味雜陳的情緒與反應，促使高雄市女性權益促進會的成員爲之發聲。她們不滿這些女性生前及死後的遭遇，要求高雄市政府出面平反她們一直以來蒙受的不公對待。

本章勾勒出高雄女權會行動主義的輪廓，敘述她們如何擁護女性的公共角色以及重新認知女性看似私人角色的公共作用，同時也探討台灣女性主義者如何轉譯重塑全球的論述與實踐，在不同層級運作，斡旋於地方、區域、國家、全球等空間尺度各異的意義體系之間。[3]女權會的女性主義行動者與逝去年輕女性的關係，和家屬與逝者之間的關係不同。也許對家屬來說，鬼魂徘徊不去是爲了爭取個人的補償，所以鬼魂「眞的」顯靈了；但對女權會的女性主義者而言，「鬧鬼」是一種抽象象徵，凸顯了過去社會需要關注的不公現象。也因此在二十五淑女墓整修的整個過程中，女權會幾乎完全沒有和死者家屬聯絡，她們的主要對話對象是國家行動者。

同樣地，女權會的行動主義示範了「尺度跳躍」如何得以作爲一種政治策略。身爲高雄市以及南台灣的居民，女權會成員援引區域、國家及全球的論述，將概念落實爲再現政治的行動，提高自己政治抗爭的成功率。[4]由於被聯合國拒於門外，台灣並未正式參與聯合國的性別平等議程，是故台灣婦女政策議程的建立主要是由國內婦女運動的發展所推動，與聯合國議程的進展較無關係。[5]儘管如此，台灣婦女運動的目標和思想仍是從全球角度構思，方向與宣傳路線基本上都具有跨國性質。台灣女性主義者密切配合聯合國議程、善用全球協議、參加國際論壇、組織國際會議，利用這些策略來推動國內的運動，同時也以國際標準評價台灣的性別相關政策。這套跨國策略在政治抗爭上似乎頗爲有效，因爲台灣缺乏國際組織的正式席次，任何可以爲台灣在世界舞台提高知名度的事情都受到政府歡迎。這一點在女權會對二十五淑女墓的論述上表現得很明顯，她們將性別平等和現代性畫上等號，甚至進一步將其延伸到高雄在全球城市文明的排名。

高雄女權會行動主義的路線也顯示，世界各地的婦女運動本質上既深受全球趨勢影響，也是地方性的產物。女性主義的具體實踐顯然取決於女性主義團體所在地的社會文化與政治經濟性質。[6]高雄女權會之所以努力改造二十五淑女墓的形象，不只是爲了在死後追認逝去女性的貢獻，更意在批判台灣父系社會重男輕女的核心特徵——重視身爲眞正永久家人的兒子，而女兒只是父系家族裡的外人與暫時的附屬者。這個區別兒子與女兒的象徵性差異提供了社會結構的運作框架，建構、也合理化了台灣社會文化中各種男女有別的行爲，工業化時期，雇主偏好雇用年輕未婚女性當女工也是這種社會結構運作下的結果之一。因此，女權會的行動主義是台灣特有父系家族環境催生的策略選擇，她們的行動也進一步打開了質疑父系文化慣例的空間。

婦女運動系譜

台灣的自主婦女運動歷史短暫，其演變與國家的政治發展息息相關。[7] 一九四七年的中華民國憲法保障了性別平等，但是直到一九八七年七月解嚴之前，許多憲法明定的權利（例如集會結社自由）皆遭到限縮或禁止，[8] 因此婦女團體大都附屬於國民黨、教會，或是基督教女青年會這類國際組織的分會。[9] 同時，爲了對抗中國在共產黨統治下劇烈的社會與政治變化，國民黨扮演起傳統中國文化捍衛者的角色。國民黨隨附婦女組織的精英成員響應政策大方向發起運動，動員婦女支持國民黨黨國的反共政策。[10] 這些運動鼓勵台灣女性在家庭與社會上扮演輔助、服從的角色，並未認眞討論婦女議題或女性的處境。

由於政治環境壓抑，黨外婦女運動因而採取比較保守的行動策略，像是成立出版社、社會服務組織、慈善機構等等。[11] 具體而言，雜誌出版提供了傳播思想的手段，出版社則爲出版者、作家、員工等人提供了合法集會的基地。一九七〇年代初，專門出版婦女議題的拓荒者出版社成立，自主婦女運動開始萌芽，且保有不受國家控制的獨立性，這群夥伴在一九七七年拓荒者出版社關閉後仍然繼續進行非正式的聚會，討論婦女議題。一九八二年，《婦女新知》創刊，一九八八年《婦女新知》雜誌社改組爲婦女新知基金會，現在已成爲台灣最重要的婦女團體之一。[12]

《婦女新知》雜誌社改組為婦女新知基金會標誌婦女運動的新時代。婦女運動呼應台灣社會運動整體浪潮，在解嚴之後開始投入更有系統的組織動員。女性主義運動自此日益多元。[13]我在此處不用「婦女」運動，而改用「女性主義」運動一詞，用意是要強調這些新興運動的參與者不只是想幫助婦女擺脫日常困境，同時也在積極設法改變台灣的父權社會結構。此外，婦女權益倡議工作早期以台北為根據地，關注的多為影響全國女性的重大議題，到了這個時期，婦女新知基金會等全國性組織開始在台北以外的城市設立分部，地區性婦女團體也陸續成立，投入攸關地方的重要議題。

就跟其他社會運動一樣，台灣的婦女運動也在一九八〇年代以來的二十年間大有進展。女性主義運動者將性別平等與民主、公民權、國族認同連結，順利實現了婦女權利制度化的訴求。在社會面，她們提倡台灣借鏡北歐模式，採行社會福利與性別相關政策。[14]在法律面，她們推動傾向父系與父權家庭法律的修法，也推動多項支持婦女權利重大法案的立法。[15]至於政治上，各政黨自一九九〇年代末以來也持續在選舉中提高女性候選人的比例。[16]

除了上述成果，國家也將女性參與政策制訂納入正式制度。[17]到了一九九〇年代中期，台北市長辦公室會定期邀請婦女非政府組織的領導者，針對性別敏感政策提供建言，中央政府亦效法設立婦女權益促進委員會，為行政院長和負責制訂與施行婦女政策的中央政府機關官員擔任顧問。[18]同時，台北市政府和高雄市政府也設立了婦女權益促進委員會，邀請婦女團體代表和關注婦女議題的專家學者加入擔任顧問。[19]

婦女非政府組織從外部批評者轉變成政府顧問的時間，恰恰和一九九五年在北京召開的聯合國第四次世界婦女大會重疊——台灣被拒於門外，無法正式參加會議。北京宣言暨行動綱領呼籲各國制訂法律和政策時納入性別主流化觀點。儘管台灣被排除在聯合國之外——或者也可以說正是因爲台灣遭到排擠，之後又設法突破在國際社會的邊緣地位——中央政府終於在二〇〇〇年代初姍姍來遲地採取性別主流化方針。政府官員口中的「性別主流化」落實到執行面，表示每個政府機關都必須在運作上納入性別平等考量。[20]自此之後，女性主義運動者正式加入政府的運作。她們被巧妙安排在體系中，採任期制，任務是協助政府在制訂政策時融入女性主義觀點。[21]行政院也成立性別平等會，這代表政府開始在招募、培訓及正式聘任政府人員方面，邁出了第一步，在官僚體系內掌握性別主流化的知識與專業。[22]

實施性別平等教育與執行性別主流化密切相關，也大大影響了高雄女權會的工作。[23]和西方不同的是，台灣婦女團體的自主性比較不是源自國家結構的排擠、邊緣化或迫害，而主要是源自運動者個人的人生境遇。[24]台灣女性主義運動的一大特徵是缺乏草根動員，與勞工運動、環境運動對比，這一點更形鮮明。[25]台灣女性主義者不太會採取群眾動員的手段，她們更常運用的策略主要是借重公共教育、遊說立法改革、和國家行動者合作等等。[26]社會學家范雲本身是女性主義運動者，她認爲這可能是因爲相較於其他社會運動者，台灣的女性主義者整體上擁有更好的社會地位，教育程度也比較高。許多女性主義運動者都是律師或大學教授，其中不少人是留學歐美拿到碩博士學位。[27]她們自然選擇利用自己的文化和社會資本進入制度化空間，並作爲運動的主要本錢。[28]她們選擇的策略反映了自身的生活經驗與專業知識。也因此，她們面臨的兩大挑戰就是如何擴大中產階級以外的群衆基礎，還有如何在與政府有效合作的同時保有自主性。[29]部分具有學者背景的運動者表示擔心運動轉向「國家女性主義」（state feminism）——也就是女性主義目標的制度化、傳播與執行都是由國家完成。[30]批評者也質疑，儘管女性主義團體擁有相當的政治代表性與影響力，但她們缺乏群衆基礎，也沒有尋求群衆支持的動力。[31]

高雄女權會的行動策略

高雄女權會核心成員的出身背景也符合上述婦女運動的大趨勢，許多人都是南台灣的大學教授。她們設法改造二十五淑女墓的公共形象時，策略也類似位於台北的全國性組織採取的路線。同理，她們也因此受到一些勞工團體批評，說她們缺乏階級意識或工人階級的感性。

任教於國立中山大學社會學系的唐文慧教授是高雄女權會的前祕書長，她回顧了自己這個在高雄活動的女性主義團體爲什麼會爲埋骨二十五淑女墓的女性發聲。事情要從她剛搬到高雄的日子說起，那時候她還在四處探索：「有一天我開車經過旗津，瞥見刻著『廿五淑女之墓』幾個大字的牌坊。『淑女』？什麼意思啊？我第一個想到的是淑女好像在貶低人。怎麼會有墓地取這個名字？裡面埋的是誰？」唐教授一開始的好奇心迅速發展成火力全開的行動主義。早在二〇〇三年，二十五淑女墓就已經是高雄女權會執行委員會會議上的固定議程。女權會成員也經常進行實地考察，有時是集體前往，有時是個人獨行。女權會觀察到墓地疏於維護的情形，似乎進一步印證了這些逝去年輕女性的可憐遭遇。多年來傾倒的電石渣在墓地兩側堆起一層樓高的土丘。電石渣的腐蝕性讓環境十分不利於植物生長，原本荒涼的景觀顯得更加蕭瑟。白天還有人在墓地前面經營露天卡拉OK。有些女權會成員認爲，出於對逝者的尊重，應該維持墓地的安寧肅穆，在離墓地這麼近的地方，純粹爲了娛樂而大聲放音樂、引吭高歌，對逝者實在很不敬。最讓女權會成員憤怒的是，就跟其他橫死者的供奉之地一樣，二十五淑女墓被簽六合彩的賭徒當成求明牌的地方。

在台灣漢人的民間宗教裡，神明和鬼魂都能爲人實現願望。神明比鬼魂強大，大部分人都比較喜歡求神明。然而神明基本上品格高尚正直，大部分神明都不會幫人實現不夠光明磊落的請求。相反地，鬼魂沒有固定信徒，沒有餘地考慮這些。鬼魂可能什麼請求都會答應，包括爲賭徒報彩券明牌。[32]高雄女權會的成員發現，如果賭徒在二十五淑女墓求到的明牌中了獎，他們會供奉梳子、化妝品等年輕女性喜愛的物品給「淑女」，表達感謝。有時候中獎賭徒會請布袋戲團來演出，娛樂淑女、酬謝神恩。同理，如果賭徒認爲鬼神「報錯」數字害他們輸錢，他們就會把怒氣發洩在鬼神身上。[33]二十五淑女墓這裡可以看到不滿的賭徒破壞墳墓、毀損墓碑上的死者照片、在墓碑上潑漆等痕跡。除了賭徒，二十五淑女墓也成爲吸毒者的藏匿處，他們喜歡躲在墓地後方，那裡天黑之後一般不會有人經過，根據高雄女權會成員實地考察，有時會在那塊地方發現用過的針頭等垃圾。種種情況都是因爲政府疏於管理才會發生，這顯示了高雄忽視性別議題造成的問題。

經過將近一年的準備與策略布局，高雄女權會準備好展開行動。二〇〇四年四月二日，再過三天就是民衆清明掃墓的日子，女權會選擇此時召開記者會，呼籲「重建二十五淑女墓」。女權會的新聞稿提到高雄城市景觀最近的轉變，恭喜高雄順利美化城市環境，在城市文化方面也大有進步（參見第五章）。女權會將重建二十五淑女墓與性別平等還有高雄進步城市的地位畫上等號，強調整修淑女墓對於高雄持續追求的全球地位十分重要。兩天後，四月四日，時任女權會祕書長的唐文慧在《中國時報》上發表〈回不了家的女人〉一文。唐文慧強調「城市文明」與「性別平等」之間的關連，重申改造二十五淑女墓是城市追求這兩個面向現代性的一大關鍵。她的文中談到台灣的祭祀習俗，已婚婦女只能和夫家祖先供奉在一起，不能和娘家祖先供在一起。文章也強調台灣未婚女性的困境，埋骨於二十五淑女墓的女性就是一例，她們不只生前過苦日子，連死後也沒有人加以好好祭祀。這些女性無法入宗祠，代表她們從生前一直到死後的都被排除在社會秩序之外。

唐文慧精心選在這個時間點投稿，其時正值大家返鄉團聚，準備履行子孫肩負的重大義務。因此，她的這篇文章實是敏銳的提醒，指出台灣社會男女之間存在根本的不平等。唐文慧以行動方針爲文章作結：「筆者認爲都市的集體記憶、文化意象和性別的平等觀念唯有透過歷史的再現，才能扭轉。因此，我們建議高雄市政府可做努力來改善旗津的都市意象，重建與改造性別平等的都市文化。」

爲了推動訴求，唐教授和高雄女權會夥伴號召民眾對抗未婚女性死者蒙受的文化偏見，策略是強調死者的另一種身分：幫助打造台灣經濟奇蹟的製造業勞工。女權會的運動者也特別強調，這些女性是在上班途中亡故，因此她們的死亡是工殤事故。運動者主張，把焦點放在女性死者的勞工身分（而非她們的未婚狀態）也能幫助大眾更深刻體認到台灣女性對國家經濟成長的貢獻。爲了完成這些目標，女權會提出三點建議：一、高雄市文化局應委任專家研究二十五淑女墓的歷史，清楚說明這些女性爲台灣經濟發展做出的犧牲與貢獻；二、高雄市教育局應邀集學者就翻船事故及相關背景撰寫文章，作爲鄉土教學以及學校性別平等教育的教材（更廣泛來說，這也能讓高雄市民有機會了解其城市景觀的性別與社會意涵）；三、中央跟地方政府應協助宣傳這些女性的經濟貢獻，以及與她們故事交織在一起的性別（不）平等議題，讓她們得到生前應有的尊重，與如今死後在天之靈應有的敬意。許多女權會成員都是深入參與這篇文章所說的性別平等教育運動的教育工作者，這三點建議也明確地反映了她們在這方面的背景。

祭祖文化與儀式的改革

高雄女權會改造二十五淑女墓的運動一開始是從地方出發的抗爭行動，不過這個地方抗爭與全國婦女運動緊密相連，影響力更是超出了高雄一地的範圍。具體來說，女權會的行動主義反映了兩項全國性的女性主義運動：推動改革祭祖文化與儀式，以及推廣建立女性文化地標，呈現公共的女性史。前者是源自本土的抗爭，後者是受全球浪潮啟發的行動。兩項運動都在持續進行中，也在政府性別主流化的大旗下獲得支持的力量。

二〇〇一年，行政院婦女權益促進委員會通過《婦女政策綱領》，其指導原則之一就是必須改革或消除歧視女性的民俗文化。自此之後，圍繞父系宗法的祭祖儀式與習俗就成了台灣女性主義者的一大焦點。二〇〇三年，大約在女權會準備展開二十五淑女墓抗爭行動的同一時間，婦女新知基金會在清明節當天召開「從『孤娘』廟談祭祀的性別文化」記者會，特別指出只有已婚婦女才能加入（夫家的）祖先牌位，從而永享祭祀，其他女性（未婚、離婚或女同性戀）則永遠無人聞問。記者會強調，這種文化習俗構成了獨尊（異性戀）婚姻的壓迫結果，表示結婚是女性一生最重要的成就，排除了其他不同的人生路線選擇。接下來幾年，婦女新知基金會持續推動其改革方向。二〇〇六年，基金會與教育部共同舉辦「婚喪儀式性別檢視研討會」，主要邀請對象是政府機關人員、國中小學老師以及社區教育的教育工作者，研習目標是提高與會者的性別意識，以及提供他們符合政府性別主流化活動要求的教材或想法。二〇〇九年，婦女新知基金會再次召開記者會，其完整標題「嫁出祭難返、未嫁葬難歸」清楚說明婦女新知的目標：她們希望改變帶有性別偏見的文化習俗，尤其是婚喪的儀式與習俗。這次，基金會的女性主義者也要求進行制度改革。她們的具體訴求是呼籲政府認眞檢討喪禮服務技術士證照考試中的性別偏見。親人過世是悲傷又慌亂的時刻，家屬往往依賴禮儀師引導他們度過這段哀慟時期，也向禮儀師請教喪禮實際上會遇到的各種問題。如果禮儀師能夠考慮到不同家庭的情況，而不是單純固守傳統文化規定的父系要求，那麼禮儀師的這個巧妙位置恰恰適合灌輸新的祭祖文化。

主管機關從善如流，開始修改喪禮服務技術士題庫，納入性別平等及多元性別的價值觀。[34]內政部舉辦一系列研討會，並在二〇一二年出版《平等自主，愼終追遠：現代國民喪禮》一書。儘管不是教科書，但這本書立刻扮演起政令宣導的角色，成了禮儀師的指南手冊。[35]終極而言，內政部希望推廣一種現代喪葬習俗，能夠不拘泥於傳統父系性別規範，改而尊重死者的願望及其性別與性認同。教育部也開始將新的喪禮概念融入社會研究課程。

女性主義這方面行動的另一個例子是由蘇芊玲與蕭昭君共同主編，於二〇〇五年出版的《大年初一回娘家：習俗文化與性別教育》，這本論文集由台灣性別平等教育協會的夥伴撰寫，探討各種男女有別的習俗，「大年初一回娘家」這個書名則是對傳統文化習俗的強烈批判。[36]高雄女權會成員有部分也身兼台灣性別平等教育協會的一分子，名列該書的作者群。蕭昭君當時是國立東華大學教育學系教授，二〇〇七年她在擔任台灣性別平等教育協會理事長任內，在一年一度的蕭家祖祭上擔任主祭，成爲蕭家第一位女主祭，寫下歷史新頁。蕭家宗祠當時的主委對蕭教授擔任主祭一事樂觀其成，他說：「時代變了。以前的人比較古板，我比較民主啦。現在女性都可以當副總統了。」[37]儘管如此，族內還是不乏反對的聲音。有些蕭家人表達異議，他們直接說「這不符傳統！」也有人問：「蕭家沒有夠格的男人（擔任主祭）嗎？」還有人搬出祖先，強調事態的嚴重性：「以後如果家族出事，祖先怪罪下來怎麼辦？」[38]

最後蕭教授還是成功當上主祭，她的抗爭故事在二〇〇九年拍成紀錄片《女生正步走：牽手催生女主祭》。[39]不過成爲主祭只是第一步。就像蕭昭君自己在祭祖儀式的最後一席話所說：「平等是普世價值，不能說幾千年傳統，就不去改它，每個家族的人，都應該看到女性祖先的貢獻。女人可以祭祖，也可以進（原生家庭的）族譜。」[40]蕭教授也把想法付諸實踐。主祭照慣例都會在祭典過後送上匾額掛在蕭氏宗祠，蕭教授的匾額刻著「女光永續」，放上自己的名字、父親的名字和母親的全名，以蕭家十八世媳的身分列名。這是蕭家百年歷史上第一次有女性的名字永久掛在蕭氏宗祠牆上。

蕭教授回憶，紀錄片首映後，有三位擔任其他家族宗祠管委會主委和執行祕書的長輩來賓感謝她的創舉，她聽了精神大振。三位長輩告訴她，是她的「俠義之舉」帶給他們信心與正義感，主張把一位很有成就的未婚姑婆牌位迎入他們的家族宗祠供奉。聽到他們這麼說，蕭教授發誓會永遠堅持繼續女性主義工作，就連下輩子也要繼續。[41]紀錄片發行後廣泛在各地中小學與大專校院放映，也成爲性別平等教育的重要影像教材。

以女性文化地標訴說公共女性史

高雄女權會不只呼應了改革習俗的全國運動，她們還主張建築環境是意義生產密不可分的環節，這個立場也和國家文化總會推動的女性文化地標計畫契合。[42]二〇〇五年，時任國家文化總會副祕書長的陳秀惠領銜舉辦一系列座談，邀集相關領域的女性專家，規畫並構思女性文化地標計畫。陳秀惠長年耕耘《婦女新知》雜誌，從一九七〇年代以來就投身台灣的婦女運動。一九八八年的美國之旅，她走訪紐約上州的塞尼卡福爾斯（Seneca Falls）小鎮，看到當年美國女性集會爭取投票權的廣場被定爲歷史地標，紀念婦女投票權運動，此情此景讓她深受感動。巴黎市長在二〇〇五年國際婦女節當天以法國女性主義者西蒙・波娃之名爲塞納河上的一座橋梁命名，這件事帶給陳秀惠靈感，讓她想到可以在台灣建立女性文化地標。[43] 陳秀惠在某次接受採訪時表示，歷史不應該只是男性訴說的「history」，也應該添加女性的觀點，書寫「herstory」：「當時間軸上的女性生命歷程，與空間軸的女性圖像交疊，我們才得以較完整地看見女性存在的樣貌。」[44] 高雄女權會的成員將性別平等和城市文明畫上等號，希望能獲得高雄市政府的合作；陳秀惠也採取類似做法，她訴諸台灣民衆當時對於政治自由化的正面情緒，推動自己的目標。她將肯定女性史與深化台灣民主類比，連帶還能提升台灣的全球聲譽，以此說服政府支持她的倡議。

經過一年多的審議，女性文化地標計畫第一階段挑選了二十個地標。這些脫穎而出的地標有的是因爲該地紀念的女性是台灣史上的先驅，又或者是因爲她們的故事反映了那個時代難忘的人生經歷；有的則是某個公共空間，在歷史契機下幫助提升了女性的地位。國家文化總會也邀請女性藝術家、景觀設計師、平面設計師，爲每個地標創作視覺裝置藝術。第一個地標是淡水女學堂，在二〇〇六年三月八日正式指定，時任總統的陳水扁出席了揭幕典禮。二〇〇八年九月三日，十一個地標接連建立，今天這些地標共同構成了所謂的台灣女性文化地圖。國家文化總會同時也在二〇〇六年資助出版了《女人屐痕1：台灣女性文化地標》，探討台灣各地對於女性精神具有重要意義的有形無形文化地標，旗津的二十五淑女墓／勞動女性紀念公園卽名列其中。[45]與台灣性別平等教育協會改革父系文化習俗的行動類似，女性文化地標計畫之所以持續發展也和政府性別主流化政策息息相關，國家文化總會持續與各地女性團體及縣市政府合作，舉辦一系列展覽和研討會培訓相關人員，提高其性別意識，讓他們能夠更稱職地執行政府的性別主流化政策，第七章會再回來談這個議題。[46]

當女性主義者遇見國家

順應台灣整體的女性主義運動潮流，高雄女權會也持續要求高雄市政府整修二十五淑女墓及周邊環境，並爲淑女墓更名。二〇〇五年清明節當天，女權會在二十五淑女墓舉行春祭，女權會成員及逝去女性的家屬出席了祭典。二〇〇七年清明節，女權會再次召開記者會，個別成員也針對二十五淑女墓議題陸續撰寫學術文章、報紙社論及評論，也有在大學任教的成員將二十五淑女墓加入課堂討論。[47]

高雄市政府在女權會二〇〇四年第一次記者會後迅速做出初步回應，不到一個月就發布新聞稿，強調勞動安全是二十五淑女墓的核心議題，並在四月二十八日的國際工殤日發起淑女墓更名運動，向二十五名逝去的女性致敬，稱其爲「六〇年代爲台灣經濟建設奮鬥的工殤少女英雄」，同時也提議將二十五淑女墓改名爲「工殤紀念公園」。

儘管新名稱強調了勞動面，但女權會成員卻對更名案不以爲然，她們指出高雄市政府在公開發言時依然把二十五名女性稱爲「妙齡女郎」，而且新改名的公園紀念對象是全體勞工，不是專門致敬勞動婦女，似乎顯示了高雄市對性別議題漠不關心。唐文慧教授的評論說出了女權會成員的挫折感：「勞工局一直堅持要用『勞工』這個詞，好像很抗拒明確講出『性別』，跟他們實在講不通！還有，把翻船事故說成『工殤』事件是什麼意思？旗津沒人聽得懂『工殤』，大家只會想到『工商』。」女權會也希望二十五淑女墓不要全面翻修，可以保留一部分原貌，例如墳墓就留在原址，如果高雄市政府堅持要全面翻修，建議可以造一個原墓的模型，留下歷史紀錄。她們也建議可以在重建的公園展示墳墓模型，教育民眾二十五淑女墓的由來。然而，女權會的這些建議並沒有收到市府方面的回應。

在第一次的意見交流後，事情沉寂了好長一段時間。儘管女權會持續努力，然而市政府回應緩慢，難以取得進展。國立高雄師範大學的游美惠教授也是女權會的活躍成員，她以自我解嘲的幽默告訴我，她們有次記者會竟然沒有記者到場：「完全沒人來！（大笑）最後我們還是照計畫進行，自己當觀眾。我跟助理只好自己把新聞稿寄給媒體。」我問她覺得爲什麼會沒記者來，游教授回答：「我猜是因爲我們要講的不是什麼大新聞，而且從我們第一次記者會後——那次確實有記者出席！——就沒什麼進展。」記者後來可能因爲沒有新的事情可以報導，就不來了。我問游教授有沒有可能多做點什麼，或是往其他方向努力推展她們的理念，不過游教授解釋這並不容易。一部分是因爲二〇〇〇年代初期，高雄市的政治處於不穩定的狀態，二十三個月內換了四位市長；另一個更重要的原因是，女性主義者缺乏影響政府決策的制度化管道。高雄市政府轄下的婦女權益促進委員會早在一九九七年就已成立，女權會也有幾位成員（包括唐文慧教授和游美惠教授）以專家學者的個人身分加入過委員會，但是直到二〇〇九年，女權會才以組織身分受邀，派出首位進入委員會的代表。女權會對市政府影響力不大，也因此在二十五淑女墓整修過程中幾乎沒什麼正式介入的機會。游教授說明：「大多時候，我們只能提一些建議，等市政府回應。接著才能採取下一步行動。」唐教授也抱持同樣的看法。不過政治不穩定造成的影響有好有壞。在葉菊蘭與陳菊兩位女市長任內，性別相關議題開始出現有目共睹的發展。二〇〇六年，唐文慧進入婦女權益促進委員會，推動市政府採納女權會的建議，將二十五淑女墓改名爲勞動女性紀念公園。

儘管高雄市政府在改造二十五淑女墓外觀上步調緩慢，不過個別市府機關——特別是高雄市勞工局——確實以其他方式回應了女權會的要求。舉個例子，決定把二十五淑女墓改建成勞動女性紀念公園之後，勞工局委託高雄市婦女新知協會進行「二十五淑女墓景觀營造與命名」田野調查，重點放在罹難者家屬對於公園改建案的想法。就跟女權會一樣，高雄婦女新知也是高雄重要的女性主義團體，致力批判台灣的父權社會結構。[48]女權會和高雄婦女新知有許多核心成員都是工作夥伴，私底下也是朋友，雙方因此形成緊密的盟友，基於共同的思想基礎、對運動策略的想法類似，在許多計畫上得以互助合作。勞工局只給高雄婦女新知三個月時間完成研究案，而高雄婦女新知的工作團隊也就在短短三個月內順利訪問了大部分家屬：每個家庭至少訪問一位家人，詢問家屬希望墓地如何改建，最後將訪談結果彙整爲成果報告書。[49]儘管這個研究案只是名義上的意見徵詢，不過報告書確實指出，家屬普遍認同市政府的整修計畫，這點第六章會再深入討論。

勞工局同時還委託獨立電影導演柯妧青拍攝紀錄片，記錄二十五名女性的人生故事，以及奪走她們生命的翻船悲劇事故。柯妧青導演完成的不只這些。在接下勞工局的紀錄片拍攝案之前，出於自身興趣，柯妧青早在二〇〇三年就開始投入高雄加工出口區的一系列勞動影像與口述歷史計畫。她訪談了一九六〇年代末成爲工廠勞工的女性，這些女工是台灣史上第一代的女工，她們到二〇〇〇年代已經累積了三十年以上的工作經驗。柯妧青想知道女工的家庭背景、工作經驗、工廠內外的交友情形與社交生活，以及她們眼中工作的意義。她想要探詢的核心議題是受訪者身爲女性與勞工的自我認同。一開始她設法運用有限資源進行拍攝，直到二〇〇六年、二〇〇七年才分別獲得高雄市政府與國家文化藝術基金會補助。[50]高雄市勞工局的委託案擴大了柯妧青的拍攝範圍，帶著她走入中洲村。[51]經過兩年多的拍攝，二〇〇八年十月，也是新落成的勞動女性紀念公園盛大揭幕的一個月以後，紀錄片《她們的故事：生產線上的容顏》終於在高雄電影圖書館首映。

柯妧青的紀錄片不只說出二十五位逝去女性的故事，也娓娓道出高雄加工出口區的勞工史。電影帶領觀眾穿越時光，回到幾十年前年輕女孩小學剛畢業就進工廠工作的日子，她們爲了貼補家用努力工作，也爲台灣社會創造集體財富，這段歷史爲二十五名旗津船難罹難女性的人生故事鋪陳了大眾需要完整認識的背景。一九六六年十二月三日，高雄前鎮區成立了世界上第一個加工出口區，這個日子永遠改變了數十萬名年輕女性的人生。一九六〇年代或許看似遙遠的過去，當年的記憶早已斑駁模糊，但是對許多人來說，一九六〇年代是人人普遍貧窮、工作僧多粥少、勞動保障不彰的時代；但同時，一九六〇年代也是辛苦奮鬥的日子，有血有淚，也有青春的歡笑。紀錄片首映時的高雄市長陳菊自己也是未婚女性，我們聽說陳菊在觀賞電影首映後表示：「台灣女工的故事是台灣的歷史。社會應該給予（所有女工）遲來的肯定，這是她們應得的。」《她們的故事》後來在許多場合放映，播放對象除了一般社會大眾，也進入大學校園，甚至在後來的高雄電影節上映。

空間、尺度、女性主義運動

唐文慧教授曾對我說：「社會運動就是文化戰爭。」對高雄女權會的運動者來說，女鬼不是需要安撫或討好的社會世界一角，而是過去不公義現象的化身，應該加以復活、除魅、超越。埋骨於二十五淑女墓的女性以及其他擁有類似歷史的人蒙受了不公對待，女權會基本上採取具象的方法來矯正這種過錯，重新建構女性工業勞動的通俗論述、發掘隱藏的女性故事、提高女性的能見度則是其重要策略。這些策略在在點出了全球婦女運動強調的重點：將婦女和婦女史的意義灌注進入公眾意識之中。

女權會的行動與空間緊密結合。二十五淑女墓是直接催生她們行動的原因，也具體展現了她們行動的結果。改造二十五淑女墓的過程，說明了台灣女性主義者的目標是希望提倡注重性別的史觀。原本的墓地代表了台灣社會中某種看待女性地位的觀點，她們重新加以論述詮釋，也實際進行外觀改造，爲二次大戰後台灣史的女性角色提供另一種敍事，而且觀點更完整。儘管二十五淑女墓的改建還有許多細節待討論，而女性主義者往往無權置喙這些細節（參見第五章），不過勞動女性紀念公園的改建案讓女權會有機會把婦女史打造成自成體系的獨立主題。除此之外，以改建重生的公園作爲紀念園區，表示可以不必拘泥於設置雕像或紀念碑的傳統做法，用一種創新方式展示婦女史（參見第七章）。就像女性文化地標計畫，高雄勞動女性紀念公園也布置了女性藝術家設計的公共藝術，一方面建立紀念公園與二十五名逝去女性的連結，一方面也用令人難忘的具象方式呈現她們的故事。

更重要的是，女權會的參與，代表紀念死者的尺度從個人放大至社群，更上升到城市、國家、全球層級。女權會的行動印證了以「尺度跳躍」作爲政治策略的效力。台灣並非聯合國會員國，在許多世界組織都缺乏正式席次，這促使台灣政府設法另闢蹊徑尋求國際認可，非政府組織的工作是相當重要的管道。全國級的婦女團體有效地把台灣的國際政治困境化爲優勢，利用聯合國或其他全球論壇支持的性別平等議程，推動國內的對應立法與政策。高雄女權會等地方或城市級團體也運用了類似策略。具體來說，女權會的成員積極打造這場爲未婚過世女性去汙名化的抗爭，彰顯其訴求與全球性別平等運動及提升高雄市國際形象的共同點。究其本質，女權會運用的是再現的策略，塑造跨尺度的政治抗爭，展現了「地方」抗爭可以搖身一變成爲全球抗爭。女權會也用論述將自己的目標與城市及國家的目標連結，化爲運動的助力。

第五章　藍領工業城市、藍色海洋首都

在海洋，與世界對話。

——高雄畫刊，〈在海洋，與世界對話〉

從前，高雄予人的印象是有座世界級的貨櫃大港、是灰濛濛的工業大城，人們在城市裡面穿梭，卻離海很遠，偶爾聞到一點鹹鹹的海風味，挑起了那想念大海的心，也只能跑到西子灣情人座上遠眺、或者坐船到旗津島上，回應海的聲聲呼喚！

但是，現在來到高雄的人，卻都能在城市脈動裡同時感受到海的氣息，沿著海港，一處處特色不同的碼頭、海岸的休憩空間不斷的誕生，除了滿足市民親近海洋的渴望，及都市優質休憩空間的需求，也成功推動高雄轉型為具備港灣城市特色的國際化海洋都會。

——高雄畫刊，〈港灣城市新世紀〉

> 海洋城市定位的再發展是正確的，它掌握了高雄發展的歷史邏輯，以港口直接面對世界生存的（經濟）環境與網絡，建立自主性的生機命脈，因此海洋城市是一種新都市發展大無畏精神的發展號召，高雄市的人民以及生活要以全新的視野與擔當，營造21世紀國際性的都市生活環境。
>
> 當高雄不再是一個以工業生產為基礎的城市時，山、河、海、港等應該積極的轉變成為城市居民日常生活中的要素，成為表現都市獨特風貌，以及不可替代自明性的要件。此外，工業發展的遺址，也成為表現歷史獨特而不可替代自明性的要件。
>
> ——曾梓峰，〈一個正在改變的城市〉[1]

二〇〇八年，高雄市政府舉辦一系列活動，紀念城市躍升現代都會的一百週年。一九〇八年，日本殖民政府展開第一階段的高雄港改善工程，同年也開始執行高雄市區現代化的都市計畫。坐落於高雄市區往旗津的渡輪碼頭附近的哈瑪星站也是在這一年落成，當時是西岸鐵路的終點站。西岸鐵路是台灣農產品經由高雄現代化港口運輸至日本殖民母國的命脈，車站落成標誌著西岸鐵路竣工。當地人口中的哈瑪星指的是疏浚高雄港淤泥填起的土地，「哈瑪星」一名源自日文的「はません」，是「濱線」之意，因爲通往高雄港商港、漁港、魚市的兩條鐵路行經此區而得此名。幾大基礎建設工程同步並進，迅速把高雄從一座小漁村改造成日本帝國內具有重要戰略地位的現代化港口。綜觀二十世紀，高雄的重要性持續上升，至二〇〇〇年已成爲南台灣第一大城，也是全國僅次於台北的第二大城市。高雄是世界級貨櫃港，也是台灣重工業重鎮，有多家全球石化產品的大供應商立足於此。

不過二十一世紀的高雄建立了另一種全球連結。出口導向經濟成功發展了數十年之後，一九八〇年代末的台灣由於資本外流與去工業化，正面臨快速的經濟重組。全國生育率降低導致人口金字塔改變、環境法規與勞動法規日趨嚴格影響勞動成本增加，加上全球競爭加劇，傳統輕工業和石化業廠商不得不另尋出路。許多廠商將原本在台灣的工廠外移到中國和東南亞。台灣不再是全球生產線的基地，它正從外資輸入國快速蛻變成工業資本輸出國。在升級國家產業能力的過程中，政府開始支持高科技半導體產業。二〇〇〇年，台灣百分之八十五以上的半導體公司都集中在北台灣的新竹科學園區，重要企業（包括十大ＩＣ設計公司以及所有的晶圓廠、光罩廠）則幾乎都位於台北到新竹這道寬僅一百公里的廊帶。[2]產業中心漸漸從南部轉移到北部，而這些變化無一不重重衝擊高雄。於是，高雄二十一世紀的經濟政策多半著重在振興高雄與全球經濟的連結，主要做法是改造城市舊有的工業景觀空間，塑造更利於商業、觀光遊憩、房地產開發的環境。如同章首引言所述，港口和大海依舊是高雄市不可或缺的一部分，但港口和大海基本上不再是生產製造的場所，而是文化消費的所在。

旗津二十五淑女墓及周邊地區改建成勞動女性紀念公園，是這個變化裡微小但關鍵的一環。工業廢墟的景觀一再經歷沒落、再利用、拆除、重建的循環。[3]然而二十五淑女墓的整建凸顯了景觀循環涉及的不單只是建築環境翻修。社會學與地理學家約翰・厄里（John Urry）和約拿斯・拉森（Jonas Larsen）的理論指出，全球觀光業的興起是建立在「觀光反思性」（tourism reflexivity）增強的基礎上——「觀光反思性」意指「系統性、固定化的評估流程，讓一個『地方』能夠在變動的全球秩序中監控、調整及最大化其區位」。[4]這套流程得以辨識出某地實際擁有與潛在的物質資源和符號資源，最後再用這些資源來發明、生產、行銷、推廣「嶄新、不同、重新包裝或建立在利基上的地方及對應的視覺形象」，成爲供觀光客凝視的奇觀。[5]在這樣的脈絡下，翻修後的旗津勞動女性紀念公園是高雄工業史的可見遺跡，被重新打造成女工爲國家經濟發展犧牲奉獻的實際痕跡，藉以幫助創造觀光消費下（重新）想像的共同體——或者，「工業的懷舊」（industrial nostalgia）。[6]

本章詳述高雄市政府決定將二十五淑女墓翻修成勞動女性紀念公園的背景。旗津的命運與高雄港息息相關，因此我會先談高雄經濟的後工業化轉向，以及高雄市政府聚焦在水岸地帶翻新的對應城市振興策略，接著再談旗津近年來建築環境的變化，尤其是觀光取向的改造。最後，在都市更新的大背景下，詳述高雄市政府如何決定翻修二十五淑女墓，論及同屬官僚體系的不同單位對於二十五淑女墓處置方式各有何想法，討論焦點則放在何以是勞工局（而非其他機關）主導二十五淑女墓的整建，以及這樣的安排有何意義。

高雄的後工業化轉向

台灣經濟轉型讓高雄面臨日益嚴重的經濟衰退、財政問題、高失業率、人口流失，步上與許多後工業化港口城市類似的命運。一九八〇年代初，高雄第二級產業與第三級產業的就業人數大致相當，但是到了一九八〇年代末，由於工廠倒閉或外移，工人人數大幅下降。高雄港也面臨類似情形。一九九三至二〇〇〇年，憑藉優良服務與區位優勢，高雄港位居世界上最繁忙的三大港口之一，然而到了二〇一四年，高雄港的全球排名下跌到第十三名。隨著台灣製造業萎縮、中國興起成為世界主要工業生產基地，全球貨櫃運輸路線也隨之改變，高雄港的地位如今落在南韓釜山及中國的寧波、深圳等港口之後。此外，由於人口成長率趨近於零，二〇一四年高雄成為台灣直轄市裡唯一出現人口衰退的城市。根據內政部戶政司二〇二五年三月底的統計資料，高雄不再是台灣第二大城，在直轄市中，高雄市人口排名第三，落在新北市和台中市之後。[7]同時，高雄也面臨人口老化問題。[8]劇烈的人口變化似乎說明了城市居民感受到的掙扎、不安、焦慮，二〇一八的市長選舉，候選人韓國瑜甚至將承諾要在二〇二八年以前把高雄人口從目前的兩百七十萬增加到五百萬，作為其競選政見之一。

面對種種艱難環境，高雄市政府的首要任務是設法在後工業化的台灣，振興高雄的去工業化經濟。一九九〇年代，中央政府提出將台灣發展成亞太營運中心的構想，塑造「一個高度自由化、國際化的總體經濟環境，促使貨品、勞務、人員、資金及資訊便利地進出及流通，以吸引跨國企業並鼓勵本地企業以台灣作爲投資經營東亞市場的根據地」。[9]爲了配合中央這項經濟計畫，高雄市政府提議設立多功能商貿園區，主要想法是將加工出口區、工業園區以及港口周邊未充分利用的土地改用於三種不同經濟目的，包括以文化創意產業爲主的休閒娛樂活動、配合金融和資訊科技產業的專門服務，以及轉口貨物加值製造所需的倉儲與貨物轉運中心；因此，多功能商貿園區也可以說是一個全面的都市更新計畫。多功能商貿園區計畫在一九九九年核定，然而由於土地爭議，整體進展相當緩慢。[10]畫定爲商貿園區的土地大多屬於國營企業所有，儘管如此，國營企業不願意用低於市價的價格把土地廉讓同樣是政府機關的高雄市政府。民營工廠的土地取得也面臨類似阻力。預定地內既有的民營工廠需要遷移他處，但是由於補助不足，工廠拒絕搬遷。除此之外，成功徵收的土地大部分都受到嚴重汙染，需要經過清理與環境整治才能重新使用。最後，由於國際貿易環境不穩加上國內政治現實變化，多功能商貿園區的計畫案在二〇〇〇年廢止。另一方面，台灣的政治局勢在二十世紀末走到轉捩點。一九九四年的台北市長選舉，陳水扁代表當時在野的民進黨贏得選戰；一九九八年，同樣隸屬民進黨的謝長廷擊敗對手，當選高雄市長；二〇〇〇年，陳水扁贏得總統大選，結束了國民黨對台灣五十多年的統治。陳水扁和謝長廷的勝選改寫了台灣的政治版圖，也讓中央政府有可能與高雄建立新聯盟，高雄有機會和台北爭奪台灣主要城市的地位。謝長廷團隊與中央政府合作，致力於將高雄打造成「海洋首都」，其主要目標是利用節慶、城市景觀空間改造、與社區營造等地方創生策略，創造出行銷城市所需的「新高雄」論述。[11]

當然不是只有高雄這個城市利用地方創生策略來進行都市發展或都市更新。當時台灣的政治人物陸續開始注意到城市意象議題，而謝長廷的市府團隊無疑在這方面起步較早。在〈高雄港灣城市意象與新符號價值探索〉一文中，作者柯志昌、梁慧琦、賴美娟點出了推動高雄地方創生方向有四項相互關連的因素：一、西方資本主義國家的都市更新模式成為模仿對象，高雄亦受此影響；二、文化創意產業的重要性日益上升，被視為當代城市經濟的驅動力；三、公民社會與公民意識興起，開始重視在地文化、歷史與認同；四、在台灣幾大城市相互競爭的背景下，高雄的政治人物積極展現自身的政治實力，政黨輪替之後更是力求表現。[12]

長久以來，高雄持續在經濟實力與政治聲量上和台北較勁。但是在台灣戰後經濟發展中，國民黨政權替北高兩地分派了不同角色。高雄成為工業基地，台北則是企業總部所在地，也是金融與行銷中心。在台灣的稅收結構下，獲利來自工業營運所得的公司，其稅收是歸公司總部所在縣市的地方政府所有，而非生產實際進行地的地方政府。因此，高雄工業發展的果實落入了台北市政府及台北居民手中，環境汙染與健康惡化的苦果卻是由高雄市政府及高雄人民概括承受，市府也沒有經費投入公共投資與社會發展。首都台北被中央政府視爲瑰寶，享盡豐富資源。經年累月，高雄市民漸漸覺得自己被當成次等公民，中央政府不在乎他們的福祉。

經過一九九八年高雄市長選舉及二〇〇〇年總統大選的政權更替，高雄獲得了難得的良機，能夠擺脫國民黨的歷史箝制，開啟全新的一頁。謝長廷與其市府團隊立刻展開一系列媒體宣傳，打造「新高雄」敍事，宣傳「海洋首都」與「南方主體性」的構想。在民進黨中央政府的政治與財政支持下，高雄也展開一系列都市更新計畫，其中最引人注目的是緊接在台北捷運落成之後開始興建的高雄大衆捷運系統。[13]捷運站附近的人行道拓寬、種上行道樹，蓋起公園、設置長椅，成爲城市綠化的一環。[14]市政府也和高雄港務局達成協議，以租賃或共同開發方式利用港口土地。[15]長久以來圍住高雄港的柵欄終於拆除，創造了視覺上「市港合一」的景觀。[16]

謝長廷之後的三任民進黨籍市長大致延續了謝長廷的都市更新方向。高雄港漸漸被重新開發成行人友善的水岸空間，[17]閒置的港口設施變身爲展覽空間和藝術工作室，部分漁港和商港則改作休閒遊憩之用。流經高雄市中心的愛河原本是許多人心目中的城市靈魂，後來卻因爲工廠廢水與家庭汙水的汙染，成了大型露天臭水溝，這時也配合進行淨河行動，[18]市政府同時也努力改善河岸景觀。[19]此外，多功能商貿園區的構想在陳菊市長任內重燃生機，轉化成亞洲新灣區的大型計畫。[20]二〇一二年，高雄市政府投資新台幣兩億七千一百三十萬元，興建五項旗艦建築與基礎建設：高雄展覽館、高雄輕軌、高雄港旅運中心、高雄市立圖書館、海洋文化及流行音樂中心。這些建設的落成，標誌水岸又向「複合展演場域」的轉型邁進了一步。[21]高雄市政府希望用這些方式打造新的城市認同，向全國——以及全世界——宣告，高雄是台灣的南方首都，比台北更勝一籌。

旗津的空間重建

來到高雄，不會說法文沒關係，聽不懂法國香頌也無所謂，但一定要停下來喝杯咖啡。

——高雄畫刊[22]

旗津的命運與高雄港的命運息息相關。高雄港不受高雄市政府管轄，而是隸屬於多個中央政府主管機關，旗津的情形也類似。旗津有大部分土地（尤其是過去與高雄市區相連的南部地區）並不隸屬於高雄市，而是在高雄港務局等中央政府主管機關轄下，一直到一九九九年《旗津地區觀光發展建設自治條例》通過，才轉由高雄市政府接管。[23]往後幾年間，在高雄市以觀光旅遊作爲主要經濟發展策略的政策下，旗津的角色愈來愈重要。在高雄的後工業想像裡，去工業化的水岸將蛻變成壯觀的亞洲新灣區。明媚動人的愛河就相當於巴黎塞納河，旗津則可比沖繩、夏威夷或新加坡的聖淘沙。[24]

二〇〇〇年起的重建計畫卽努力改造旗津的空間，希望將旗津打造成富有魅力的旅遊勝地。重建工程從旗津島北部開始，這裡有前往哈瑪星（及高雄市中心）的渡輪碼頭，大部分商業活動也都集中於此，第一階段的空間整修除了翻修渡輪站前的廣場，也對附近天后宮前的市場進行重整。市場的商店與餐廳在市府建議下拉皮整修，露天的小吃攤與路邊攤則搬進了市政府管理的建築物，意圖帶給遊客整潔時髦的印象。[25]然而，儘管市政府成功整治了市容，天后宮周邊的商家卻未必領情，露天攤販尤其不滿，抱怨政府強迫他們遷進室內，剝奪了只有露天市場才能展現的活潑熱鬧的氣氛。[26]

接下來，市政府則是把精力放在面向台灣海峽的海岸，展開旗津海岸公園計畫，包括從北邊海岸逐漸延伸到旗津島中部的一系列海濱景觀整修工程。高雄市工務局設置了兩座人工魚礁和十一個水泥塊，防止海岸線繼續退縮，[27]同時也著手移除電石渣、執行人工養護計畫與保護計畫，讓旗津海灘重現原貌，準備好再次迎接旅遊大眾。市政府還沿著海岸修建了一條通往風車公園的步道，這個遊憩用的風力發電場位於海岸公園南側，設有觀海看台與表演廣場；同時鋪設總長約十七公里的環島自行車道，帶領遊客前往島上大部分觀光景點。除了上述這些基礎建設，高雄市政府也舉辦節慶活動宣傳旗津的觀光，其中最具代表性的是一年一度的旗津黑沙玩藝節及後來的旗津風箏節。

重建計畫不只涵蓋遊客會踏足的海岸觀光區，也延伸到主幹道另一側、不臨台灣海峽的傳統社區。具體而言，市府決定重新開發從風車公園穿過旗津主幹道的這片地帶，並將原本位於天后宮旁市場附近的旗津區公所和市立旗津醫院搬遷到此，而此處正是旗津公墓與二十五淑女墓的所在地。不少亞洲國家都面臨都市土地空間不足的問題，台灣地方政府和都市計畫單位的解決方式也和其他國家類似，也就是設法縮減死者的空間，為生者空出土地，主要做法包括鼓勵以火葬取代土葬，以靈骨塔取代墓地。就旗津的情況而言，高雄市政府的構想不只停留在變更土地利用方式，而是要將位於黃金地段的兩個政府機關遷到原本是墓地的冷門地點，替未來的高雄聖淘沙計畫清出空間，準備興建賭場、大飯店及各種旅遊設施，最終目標是將旗津打造成具有國際水準的海島度假勝地。

二〇一三年，旗津公墓的墳墓按計畫遷葬或清除，原本安葬於墓地的骨骸被安置到新建的旗津生命紀念館，旗津區公所與市立旗津醫院則遷入空出來的土地。

以文化鬥爭進行勞工鬥爭

在這種遷址與更新的背景下，台灣女性主義者自然不會是最早、也不會是唯一對二十五淑女墓及其土地提出其他構想的團體。高雄市政府於二〇〇四年迅速回應高雄女權會最初的呼籲與唐文慧的投書，在四月十五日正式發表聲明，並於四月二十八日國際工殤日發起更名活動，不單是受到女性主義倡議的驅使，還有其他因素的推動，反映了台灣政治經濟自由化之後的公民影響力。

對於南台灣的社會運動團體以及社區組織等進步勢力而言，一九九八年謝長廷選上市長代表了政治環境的改變。謝長廷市長釋出互惠善意，延攬社會運動者進入市府團隊，接下來的幾任市長也延續這個做法，具體而言就是聘任工會組織者與勞工運動者來領導勞工局。這批官員不是傳統官僚體系出身，他們帶來新想法，用不同於傳統的方式宣傳勞工局的使命、推動勞工局的工作，轉向另一個抗爭陣線爲勞工爭取福利。另一方面，在謝長廷勝選後不久，地方環保團體再次提起長久以來的電石渣傾倒問題，施壓新市府找出解決方法。爲了回應環保團體的質疑，勞工局進行實地考察。「我們發現堆成山高的電石渣就位在二十五淑女墓附近。」曾任職高雄市勞工局的石先生告訴我。透過這個契機，石先生與他的同事們發現了二十五淑女墓：「二十五淑女墓背後的故事很動人，雖然那個女鬼的傳說有點荒謬，不過我們也想到：哇，這不就是工殤事故的案例嗎？這裡正適合舉行勞工紀念活動。」石先生之前是勞運組織者，這時在謝市府的勞工局擔任主任祕書。這次實地考察的發現奠定了後來墓地改建的基礎，促成市府將二十五淑女墓重新定位成勞工紀念公園的行動，勞工局裡的同仁們一致認爲成立勞工紀念公園相當有創意，一方面推動重要的勞權理念，一方面回應了女性主義者的呼籲，同時也解決了電石渣汙染的問題。

官僚體系由不同機關組成，各個機關都被賦予獨有的權責。根據地方政府行政架構的規範，二十五淑女墓是墓地，按理由民政局殯葬管理處管理。即使到了今天，由於骨甕就安置在紀念公園的蓮花雕塑基座中，整建後的勞動女性紀念公園依然隸屬殯葬管理處的管轄（參見第六章）。但是主導二十五淑女墓整建計畫的卻是勞工局，而非民政局或環保局等平行單位。市府這樣的安排，點出的不只是勞工與市府管理單位（勞工局）之間的連結，或是前工會組織者帶進市府官僚體系的新穎作風，更重要的是，這顯示了台灣勞工運動從「物質與經濟層面的階級政治，轉向意義爭奪的文化戰爭」。[28]同時這也標誌著城市治理的文化轉向，一方面提供了包容勞工文化鬥爭的環境，但同時也弔詭地將勞工的鬥爭成果吸納進城市文化的生產之中。

就跟婦女運動類似，台灣的勞工運動也是在一九八〇年代末解嚴後起飛，呼應台灣快速的經濟轉型，在短時間內經歷好幾個階段的變化。最重要的勞動法規《勞動基準法》

一九八四年生效，規範了基本勞動條件，不過大部分製造業雇主依然持續規避支付加班費、年終獎金及其他員工法定權利。雇主規避法律構成了一九八〇年代後半勞資糾紛和同情罷工（sympathy strike）的主因之一，後來導致自主工會（independent unionism）如雨後春筍般興起。[29]不過勞工運動在一九九〇年代面臨了另一波更嚴峻的挑戰。一九八〇年代末期，台灣經歷了全球白熱化競爭下的快速經濟轉型，促使製造業者設法另尋出路。許多業者關閉工廠，轉向當時方興未艾的房地產業或零售業，或是將工廠遷至中國、東南亞，另尋生產地。大量工人在此過程中遭到非法解雇，或是領不到足額的資遣費，失業者大部分是勞力密集產業的女工。經濟環境的變遷改變了勞工運動的焦點。許多始於一九八〇年代末並延續至一九九〇年代的勞工抗議活動，訴求多是追討關廠雇主所積欠的資遣費與退休金。[30]一九八〇年代爭取加班費和年終獎金的勞資爭議多半以勞方勝利收場，然而一九九〇年代初的勞資爭議命運不同，勞方輸掉了好幾場重大抗爭，[31]資本外流和工廠關閉的大趨勢讓工人爭取權利的籌碼相當有限。[32]

面對這些情況，勞工運動人士急著想開啟新的抗爭陣線，維持運動的活力。大眾重新燃起對地方文史的興趣，加上過去的工業空間在都會區愈來愈引人注目，共同爲重振勞工運動提供了機會。「勞工文化」成了勞工運動的新闢疆域。從勞工主題的文化節、藝術展示、音樂會、表演，到口述勞工史研究計畫，以及閒置工業場址改造成以勞工爲中心的文化或展覽空間，勞工文化爲勞工鬥爭激發出想像力，也開創了新領域。

勞工文化不只關乎工作文化或職場文化，勞工文化也關乎工人工作以外的生活：他們上班前後怎麼打發時間？平常怎麼過生活、怎麼交朋友？自己或是和家人朋友會一起從事哪些休閒娛樂？勞工文化也關乎工人如何看待自己的生活、如何看待周遭世界：他們認爲生活充實嗎？他們如何看待自己在社會中的定位？他們怎麼消化及分享失望和絕望的心情，又對未來抱有哪些希望？進一步來說，勞工運動者可以藉由強調勞工文化，拓展議題範圍，全面涵蓋工人的生活方式和認同形成。

台灣勞工運動的文化轉向，呼應了一九七〇年代後工業化歐洲以塑造歷史記憶和文化認同爲中心的新城市社會運動。[33]勞工團體是歐洲這場社會運動的關鍵角色，他們在第一線大力推動工業遺產的保存，主要任務之一是建立勞工博物館。具體來說，他們會設法保留已經不再運作的工業建築，將之改造成勞工博物館，成爲捍衛工人階級文化和價值的基地。工會和勞工團體也利用這些空間持續進行勞工教育。一如歐洲的勞運者，台灣的勞工運動者也積極搶救城市工業廢墟，不過他們的目標不只是史蹟保存而已。台北市產業總工會努力搶救台北市中心的閒置工業空間，避免它們走上拆除一途，一位工會幹部對此表示：「我們並不是文化保存團體，清楚的是，我們是工運團體。文化保存不過是工會運動的一種手段……要爭的並不是保留（閒置的工業）建物本身，而是在爭『詮釋權』。（廢棄工廠的）煙囪的重建與捐地公園則是我們的戰場，在城市之中搶奪一塊勞動者能夠發言的平台。」[34]

高雄是勞工運動者跨足勞工文化或工業遺產領域的理想地點。高雄擁有長達一世紀的工業史，從事製造業的人口占了高雄居民的一大部分，工業主義是高雄的一種生活方式。有鑑於此，高雄市勞工局的石先生告訴我，早在高雄女權會唐文慧祕書長的文章讓全市居民都認識二十五淑女墓之前，他和勞工局的戰友就已經注意到了二十五淑女墓：

> 以前勞工運動大都關注工作條件和勞動政策等嚴肅議題。我們一直在思考是不是能夠往不同方向發展——像是往勞工文化的路線前進。那時候台北一群勞工運動者在推動勞動安全的立法，特別提到（北台灣）幾個重大職災事件。[35] 為了和他們一起推動議題，我們一直集思廣益，思考除了討論政策的傳統方式之外，還有什麼方法可以喚起大家對勞工議題的關心，可以說是比較柔性的方式。就像二十五淑女墓這樣，背後有自己的故事，但也是工殤事故的一個案例。

不過，此時中央政府的勞工委員會（勞動部前身）卻另有打算。在台北的勞工團體多年施壓下，《職業災害勞工保護法》在二〇〇二年通過。除了職業災害的相關法規，這部法案也規定政府應建立工殤紀念碑，定每年四月二十八日爲工殤日。台灣成爲全世界第五個訂定工殤紀念日的國家。行政院勞委會一方面想肯定高雄身爲台灣工業重鎮的地位，一方面也想提升高雄的重要性，因此在思考如何慶賀台灣成立工殤紀念日的創舉時，選擇在高雄市中心著名的勞工公園設立國家級的工殤紀念碑，於二〇〇三年落成，落成典禮選在高雄市工殤紀念日當天。儘管工殤紀念碑的立意良善，石先生說附近社區居民實在很不喜歡這個紀念碑的設計：「哎唷，他們唉聲嘆氣，抱怨不停。勞工公園中央的紀念碑做成土丘的形狀，居民說看起來就像墳墓……天曉得我們根本管不到設計。設計要經過（公共藝術）審查，是審查委員會的委員負責做最終決定。」

二〇〇三年的工殤紀念活動之後，石先生和同事就把重心轉移到其他更迫切的事務。經過一年，又快到工殤紀念日的時候，他們才再次關注起二十五淑女墓。任職於高雄勞工博物館籌備處（高雄勞工博物館前身）、同時也是高雄婦女新知執行二十五淑女墓景觀改造與命名案的團隊成員之一的徐女士告訴我：「一年一度的工殤紀念活動又要到了，市政府必須想出要怎麼辦活動。唐文慧的文章差不多剛好在這時候刊出。」徐女士說，市府討論過在二十五淑女墓舉辦二〇〇四年工殤紀念活動的提案，但是大家不清楚在上班途中喪生能不能算職災。不過後來《職業災害勞工保護法》修法，將通勤相關傷亡納入職災範圍，解決了這個問題。之後，在謝長廷市長認可下，勞工局四月十五日發布聲明表示：「高市旗津二十五淑女墓將不再被窄化爲『雲英未嫁卻慘遭滅頂』的船難亡魂！市長謝長廷決定重新替她們定位爲『六〇年代爲台灣經濟建設奮鬥的工殤少女英雄』。」官方聲明更指出：

> 謝長廷認為，該墓不應該只被當成姑娘廟，而應該從工殤的論述角度予以表彰。當年加工出口區剛成立不久，這群正值荳蔻年華的少女們，從旗津搭船前往加工出口區的上班途中，渡輪不慎翻覆而罹難，卻因當時沒有勞基法而未獲撫卹。因此，他要求勞工局參考當地文獻從勞工角度，將這群六十年代勤奮工作，為國家經濟建設捐軀貢獻的勞工們，重新賦予新的意義。奉市長謝長廷的指示，勞工局長方來進正積極與罹難者家屬、地方人士、文史社運專家，針對二十五淑女墓這個旗津知名墓祠，研商如何重新論述紀念。市政府希望去掉此廟的陰森感，融入旗津觀光發展計畫的一環。[36]

兩週後的四月二十八日，勞工局在二十五淑女墓舉辦每年紀念勞工的春祭活動，同時也宣布市府準備整建淑女墓，將之更名爲工殤紀念公園。（徐女士特別向我指出，市政府在這個階段用的是「更名」的中性說法，而不是女性主義者使用的「正名」，後者政治意涵較強烈，市府之後也在計畫過程中改用「正名」一詞。）主導二十五名逝去女性合葬事宜的莊進春也在受邀嘉賓之列。活動當天的高潮是勞工局長和地方工會領袖共同拼起勞工局設計的巨大拼圖。拼圖分成二十五片，代表在渡船事故中消逝的二十五條生命。拼圖上印製的圖樣也各自凸顯某項勞工權利或勞動安全議題。拼圖背版是二十五淑女墓舊貌的照片，拼完正好就會把背版遮住。背版和拼圖的設計共同象徵了高雄市政府捍衛勞工權利的決心。

石先生以及勞工局這些工會出身的夥伴還有更遠大的計畫。儘管他們必須聽從中央政府勞委會的指揮，前一年也確實在勞工公園設立了工殤紀念碑，但他們沒有放棄透過工業遺產在高雄開創勞工運動新陣線的想法。相反地，石先生回憶：「勞工地標可以不只一個，對吧？勞工公園的工殤紀念碑、二十五淑女墓，還有未來的勞工博物館……這些全都是文化路線的一部分！我們的任務是要想出辦法讓這些地方共同發揮力量。」可惜這個構想最後胎死腹中。不過，繼任的市長延續了二十五淑女墓的改造計畫，視之爲都市振興工作的重要環節，於是勞工局也繼續主導二十五淑女墓和勞動女性紀念公園的整修與紀念工作。

以都市更新推動文化更新

不論地方民選官員是否眞心支持勞工，他們都有可能因爲支持勞工友善議題而獲利，尤其是當這個議題不涉及權力鬥爭、利益創造或資源分配時。在台灣開放的政治氛圍中，地方首長可以展現關懷弱勢或推廣多元文化環境的一面，藉此拉抬政治聲譽。[37]撇開政治利益不談，台灣民主化的同時，全球各地城市之間的競爭也益發劇烈。[38]面對這種新形態的經濟挑戰，地方政府往往選擇支持社區團體、與之合作或順其意行事，未必是因爲這麼做合理，而是因爲「文化」已經成爲一項重要商品。[39]從中央到地方的各級政府單位都在重新利用歷史建築和其他各式各樣的文化資產，來促進地方經濟、振興衰退的社區。於是包含勞工運動在內，城市社會運動的目標往往和政府的地方創生方向重疊，甚至造成空間的文化生產以經濟目的掛帥，往往凌駕於公民訴求和市民公共參與之上。[40]二十五淑女墓整建案從一開始就可以明顯看見雙方的合流，高雄市政府二〇〇四年四月十五日的新聞稿以及後續的公開聲明都清楚展現了這點。

勞工局提議將二十五淑女墓改名工殤紀念公園，不過高雄女權會成員對此不以爲然。高雄女權會持續施壓市政府，要求政府更認眞正視二十五淑女墓的性別意涵，不過一直要到二〇〇六年，葉菊蘭成爲代理市長、唐文慧教授進入市府的婦女權益促進委員會之後，高雄市政府才宣布將二十五淑女墓改造成勞動女性紀念公園的計畫。葉菊蘭市長及市府團隊聽取女權會的建議，重新調整紀念公園的定位；另一方面也延續前市長謝長廷對二十五淑女墓的看法，視之爲旗津整體旅遊業發展的關鍵之一，因此對淑女墓和公園整修採取了雙管齊下的做法。二〇〇六年三月的市府記者會，當時的高雄副市長宣布「旗津觀光大島」計畫，這個計畫開啟了本章前面提到的好幾個案子，包括二十五淑女墓整建案在內。[41]「觀光大島」計畫確實成爲旗津日後空間整建的藍圖。

葉菊蘭在爲期一年的代理市長卽將卸任之前，委託高雄婦女新知進行「二十五淑女墓景觀整建及命名田野訪談計畫」。勞工局參考調查結果，委託建築公司設計新的公園，啟動了改造工作。不過要等到新市長陳菊上任之後，勞動女性紀念公園才終於舉行破土典禮，這代表高雄女權會和高雄市政府終於就新紀念公園的定位達成共識。然而，市政府又卽將迎來與罹難者家屬的另一個戰場。

高雄女權會的女性主義者和高雄市政府勞工局的工會出身官員對於二十五淑女墓整建各持不同立場，但雙方的做法以及現代主義想像其實有許多共同之處。不論是強調塑造逝去工人境遇的性別思想，還是奪走她們性命的工殤事故，兩邊的運動者都把焦點放在與他們提倡理念最深切相關的議題。兩個團體都努力於糾正過去的不公義，實現心目中更美好的現在與更公正的未來。兩邊各自鎖定二十五名女性的某個集體特徵，在運動中強調其集體性，也藉此驅散了這些女性的鬼魅氣息。這些女性的人生被納入單一的普世社會理念，她們各自的人生故事被融合成一個單一的故事。

儘管如此，實際的整建過程顯示，鬼魂始終存在於生者的宗教與情緒世界。儘管二十五淑女墓的最終命運掌握在國家權力（高雄市長辦公室）手中，但埋骨於此的女性墓主的需求與渴望也影響了決策過程。罹難者父母的倡議（以及罹難者兄弟日漸吃重的角色）

重新帶回了死者的個體性。下一章將會探討船難罹難者家屬與國家行動者之間如何爭論、協商、妥協。

第六章　超自然存在、現代化國家

前章提到的徐女士任職於高雄勞工博物館籌備處，並曾參與高雄婦女新知的調查，協助影像記錄的工作，拍攝團隊成員二〇〇六年訪問船難家屬的經過，了解家屬對二十五淑女墓整建案的看法。勞動女性紀念公園落成幾年後，我問徐女士，公園是否實現了研究團隊的願景？徐女士回答：「可以這麼說，但也不盡然。公園按照我們建議的設計，移除了二十五座墳墓跟牌坊，原本墓地兩側的空地則改造成公園，這些設計都已落實。但是那個蓮花是怎麼回事？大家看到那個蓮花，都不知道那是從哪裡冒出來的！我們的設計裡根本沒有這個東西。」

看到坐落於墳墓原址上的蓮花雕塑，徐女士感到不解，但也覺得有趣。只是當我告訴她，遷葬過程從墳墓撿取的遺骨放進了骨甕，現收納在蓮花雕塑下方的墓室，徐女士聞言相當驚訝。這代表蓮花雕塑如今取代墳墓，成爲罹難者追悼儀式的焦點；也代表整建工程原本想抹去與神鬼相連的意義與功能，如今只是換了個新的面貌繼續存在。徐女士聳聳肩，無奈地說：「好吧，畢竟我們的設計只是紙上作業，等到實際執行才會發現設計哪裡合理或不合理！」

本章接下來將會以高雄市政府與旗津船難罹難者家屬之間的爭論、協商、妥協爲中心，說明二十五淑女墓整建工程的實際執行經過。在實際執行開始前的規畫階段，主要是高雄女權會成員與高雄市勞工局的負責人員兩方進行溝通對話，雙方的意見分歧基本上集中在新公園的命名，是詮釋權之爭。不過女權會著眼於女權訴求，勞工局人員曾經擔任過工會幹部，著重勞工權益，兩方的核心價值其實有許多共同點。兩個團體都想在公領域建立新的私人哀悼敍事，雙方都認爲，個人悲劇不只是個人各家的事。個人悲劇提供了正視過去不公義的機會，應該得到更大社會的關注與回應。兩個團體的行動也讓紀念逝者的尺度從個人上升到全國甚至全球層級。與之相對的，高雄市政府與罹難者家屬之間關於二十五淑女墓整建的爭論代表了另一種衝突，一方主張以世俗、理性方式，設計一座供大衆活動的公園；另一方希望建立神聖有靈的祭祀空間，向衆生開放，造福善男信女。兩方的衝突體現了兩種觀點的糾葛，對於世界的基本宇宙觀與構成社群的社會關係各持不同看法。

除了歷史面與宗教面因素，我們應該認識到二十五淑女墓整建案也是現代國家空間治理特權之一環，尤其政府有權裁奪墓地管理與都市化、房地產開發等其他競爭利益孰輕孰重。就跟建築環境的其他元素一樣，墓地的選址、區位、形態都反映了依土地利用類型而異的不同優先順序。在許多亞洲城市，特別是土地稀缺問題日益嚴重的地區，爲了將死者的土地空出來供生者利用，喪葬方式在過去幾十年來歷經變遷。[1] 台灣的情況也符合這個趨勢。一九七六至一九八五年，政府強力推動公墓美化工程，主要目的是要改變傳統墓地的負面形象。政府希望公園般的公墓能夠「改善整體環境品質，提供莊嚴的祭祀環境，也提供民眾休閒遊憩的愉快戶外空間」。[2] 不過一項調查顯示，儘管民眾眞心樂見傳統墓地美化，但他們心中依舊認爲墓地是舉行喪葬相關活動的場所，在墓地從事休閒娛樂等其他活動的意願極低。[3] 推動以火葬和靈骨塔取代傳統土葬習俗的計畫則比較成功，在中國、香港、日本、新加坡、南韓等其他亞洲地區也可觀察到同樣現象。觀諸台灣的喪葬方式，火葬和靈骨塔確實已經取代傳統土葬成爲主流。根據內政部的資料，二〇一七年，台灣已有高達百分之九十六．三的喪葬方式採用火葬，火化率高居世界第二，僅次於日本。[4] 原本作爲公墓之用的土地後續也重新開發利用於商業、住宅、娛樂等其他用途。

因此，當代台灣對墳墓、墓地、靈骨塔、火葬場等喪葬景觀的重新利用，其實是現代國家的一項成就，國家設法干預及規範日常生活的運作，同時也日益積極介入市場，持續開拓資本積累的新領域。[5] 政府希望改革喪葬習俗，企圖透過國家干預對社會造成深遠影響，然而生者的政治未必能完全有效掌控逝者的政治。人必有一死，但死亡不代表終點。死亡只是一個過渡時刻，絕對不表示逝者與家人的關係就此畫下句點。二十五淑女墓整建案清楚顯示，超自然世界超出了國家的掌控之外。國家固然可以利用喪葬景觀激起的強烈情緒來推動議題，不過逝者重新介入人世空間，也提供了挑戰國家的機會。

本章的民族誌敘述說明高雄市政府與船難家屬雙方折衷妥協的複雜過程，展現國家設法主張其空間治理的權威，以及另一端的人民（包括生者與往生者）如何努力對抗國家的霸權。如果這個過程讀起來像是拔河比賽，那是因爲雙方確實常常處於拉鋸的狀態。因此後面幾節仿照拔河進行的方式鋪排，看兩隊如何使出力氣相互對抗。這樣安排有雙重目的。直觀來說，用拔河比賽的回合來敘述整建過程，是希望刻畫兩方團隊來回拉鋸的動態，雙方各執繩索一端，對抗對手的拉力，努力把繩索拉向自己這邊。同時我也希望更進一步點出，拔河既是展現自己的力量，**同時也是在**感受對手的力量，以便因應局勢合理施力。就這個空間改造案來說，一方是國家，另一方是渡船事故罹難者及其家屬，雙方經過持續的互動、協商、妥協，先提出各自的主張，再互相配合調整，構想漸漸成型，最後具體實現，定案成現在的勞動女性紀念公園。

第一回合：新的公園作為女性文化地標

將整建後的公園命名爲勞動女性紀念公園這個決定代表論述戰的結束，也是舊有墓地實際改造的開始。用拔河的比喻來說，勞動女性紀念公園就是繩子的中點。第一回合是選拔賽，由市政府指派的監察員（ombudsperson）居間調停，制訂政府各機關皆同意的基本規則，讓規畫後的勞動女性紀念公園取代原本的墓地，成爲全國公認的女性文化地標。因此這一回合可以說是整合內部的選拔賽。

二〇〇六年，高雄市政府給高雄婦女新知三個月時間（五月一日至七月三十一日）執行二十五淑女墓景觀整建及命名的田野調查。徐女士告訴我，調查團隊的主要任務是了解家屬對於新墓地案命名及設計的喜好。根據她的記憶，勞工局提供的說明內容包括墓地將改建成公園，原本墳墓的位置會改立紀念碑，紀念二十五名逝去的女性。勞工局的設想是，整建後放置在公園中央的紀念碑會被視爲文化地標，恰好契合國家文化總會的女性文化地標計畫。「我們之所以去找美國越戰紀念碑這類照片，就是這個原因。」徐女士向我說明。「我們隨身攜帶照片，方便在訪談過程中給家屬看一些實際案例。」除了越戰紀念碑的照片，高雄婦女新知團隊也準備了同樣位於美國華府的越戰三軍人雕像及韓戰紀念碑照片，提供不同參考方向。

儘管只有短短三個月時間，高雄婦女新知的成員幾乎逐一拜訪了二十五名逝去女性的家庭，每家都至少訪談了一位家屬。他們也訪問了幾位渡船事故的倖存者、急救人員、救援志工，以及參與渡船事故後續處理的當地居民和政府處理人員，最後根據調查結果撰寫結案報告，交給高雄市政府。[6]高雄婦女新知的報告指出，受訪家屬基本上樂見大家持續關心二十五淑女墓。家屬希望新的公園能保留墳墓，或是設立永久的建築物，讓他們有地方放骨甕，或許還可以舉行紀念儀式。他們也希望保留原本的牌坊。逝去女性的父母最擔心的是自己過世之後，沒有人定期祭拜女兒在天之靈，因此希望能將墓地轉變爲時常有遊客造訪的神聖之地。追根究柢，家屬想像的是經過翻修的墓地、寺廟兼紀念堂，加上整修過的牌坊，坐落在花草簇擁、嶄新宜人公園中間。牌坊是其中關鍵：這是通往二十五位升天女性祭祀殿堂的大門。

高雄婦女新知完成田野調查之前，高雄市政府在等待期間先行展開了公園整修工程。市政府舉行破土儀式，官員和船難者家屬皆是典禮嘉賓，儀式主要是爲了向神靈致上敬意，同時也是要嚇走流連墓地的惡鬼。前一章提到的勞工局主祕石先生當時已經卸任，改由另一位黃主祕接替，領銜主導整修工程的進行。跟石先生一樣，黃主祕在加入高雄市府團隊之前，也是南台灣工會的夥伴。她加入二十五淑女墓整建計畫時，正值初期規畫完成、宣傳結束，即將實際動工的時刻，因此就整體環境進行高雄市政府內部不同行政單位間的協調，就成了她主要的任務。要順利蓋好一座新的公園有許多環節必須處理。第一步，黃主祕必須讓民政局加入計畫，因爲民政局是管理公墓等殯葬事務的主管機關。工務局的配合一樣重要，公園靠馬路一側必須裝紅綠燈、畫斑馬線，方便旗津當地居民或外地遊客來訪，舊的「二十五淑女墓」路牌也要換成寫著「勞動女性紀念公園」的新路牌。另外，預定公園內的照明必須加強，公園外也必須增設路燈。黃主祕還需要工務局修改土地使用分區規畫，把這塊土地從墓園改爲公園。接著還要清除預定公園兩側的電石渣堆，高雄市政府既缺乏適當設備也沒有專業人才，黃主祕動用她和勞運夥伴過去跟貨車駕駛工會成員培養出的私人情誼取得協助。她也拜託當地里長，勸導在墓地附近唱卡拉OK的老人家，另尋他地歡唱消遣。「你知道，眞的很難把卡拉OK融入公園的設計。」黃主祕解釋。而且，「誰要負責管理卡拉OK老闆跟顧客？」

黃主祕要處理的事很多，不過她鮮少和罹難者家屬接觸。她唯一一次直接和家屬交談，是邀請家屬評論未來將會成爲勞動女性紀念公園焦點的公共藝術設計，也就是女性文化地標的公共藝術。黃主祕和文化局合作，邀請幾位女性藝術家創作勞工主題的公共藝術，最後選擇了題名爲《船》的雕塑。雕塑由二十五個彎彎曲曲的長管組成兩個交錯的橢圓，象徵渡船事故奪走的二十五條生命，管子上刻了事故發生的時間：1973.09.03 07:15。不過罹難者家屬並不認同這個設計。家屬認爲雕塑有些地方太尖銳，對風水不好，他們希望把這些地方修改得圓潤一點。藝術家原本堅持設計理念，不太願意改動雕塑，但最後還是接納了家屬的意見。儘管做了修正，家屬最後仍不接受《船》的設計，他們認爲這個雕塑和死去女兒或姊妹的來世身分完全無關。關於這點，後面會再討論。

二〇〇六年陳菊當選市長，黃主祕離開了勞工局，當時勞動女性紀念公園的設計藍圖尚未完成。在後來的訪談中，黃主祕告訴我她離開高雄市政府之後並沒有回去參觀落成的公園，整建過程中也沒有繼續關心後續發展。她不知道最後定案的紀念公園長什麼樣子，也不知道和她主導案子時所設想的樣貌是否相同。國家是由身爲「人」的代理人組成，卽使代表的是同一個政府，判斷何謂空間「合理」使用的輕重緩急標準也往往因人而異。我詢問黃主祕對這個案子的整體想法，她告訴我：

> 我現在不太知道的是，當初我們在做時，有一個理想是說，先不管後面的那些墓啦，我們是要讓這個地方可以親民，也就是一般民眾會願意到這個公園裡面，遛狗，和小孩玩……它

《船》，勞動女性紀念公園的雕塑。圖片來源：作者拍攝。

就是社區的一部分。我們真的有想要融入這樣的設計。有沒有達到，那又是另一回事了。

你剛剛提到的，就是她們被當作勞動者，對家裡的經濟有貢獻，也代表台灣勞動女性對台灣經濟貢獻的角色，但是我不覺得這就代表她們失去了在家裡面的那個角色。所以才會有勞動女性紀念公園與二十五淑女墓並存的這個設計啊。這個公園它的範圍更大。應該說這個墓的角色還是存在，它並沒有被消滅掉。這既是勞工權利的故事，也是性別平等的故事。

黃主祕一直以爲勞動女性紀念公園的整建，處理的只是二十五淑女墓周遭的環境，墓本身維持不動。因此對她來說，最困難的決定是拆除牌坊：「我們一方面希望尊重家屬的意願保留牌坊，但是另一方面，我們又想把牌坊拆掉，因爲看起來太像貞節牌坊了。牌坊代表的意義和女性主義背道而馳，外觀又傳統不現代，實在跟規畫的公園不搭調。」一直到我們訪談的那一刻，黃主祕才知道整建完成的公園把二十五座墳墓和牌坊都拆除了。

黃主祕毋庸置疑滿意的一點是，在她的主持下，女廁面積設計成男廁三倍，保障了公園內的「平等如廁權」(potty parity)。黃主祕也確保女廁裝潢舒適，沒有安全死角。這些規畫都呼應台灣女性主義者近期呼籲的公共場所性別平等。[7]

第二回合：當國家遇見逝者

有句俗語「死者爲大」。葬禮上最重要的參與者就是逝者本人，逝者的需求和願望必須擺在所有事情前面，生者必須提供適當的墓地，好讓逝者入土爲安，葬禮從頭到尾的每個環節都需要請示逝者意見。因此遷葬是大工程，就跟葬禮一樣費神，逝者若無法安息，祂的不滿會讓生者不得安寧。拔河賽第二回合，國家行動者和罹難者家屬正面對峙，一方是目的強烈的世俗力量，另一方希望安撫鬼神、找回內心的平靜。

二〇〇六年十二月二十五日，陳菊市長宣誓就職，整建工作在其領導下進展快速。直到二〇一八年四月接任蔡英文總統的祕書長爲止，陳菊擔任市長近十二年，是台灣地方自治史上任期最長的高雄市長，也在任內執行了多項重大的基礎建設計畫，亞洲新灣區就是其中之一，大大改變了高雄的城市景觀。陳菊市長指派民政局要將市政府的動向告知罹難者家屬，這個重責大任被交付給民政局轄下的旗津區公所，他們必須積極與家屬溝通，說明整建工程的進度。林先生是旗津區公所民政課職員，因此被指派爲聯絡人。這項工作之所以從勞工局轉移到民政局，主要是因爲在官僚職責區劃上，喪葬事務是由民政局負責，因此這不是民政局第一次（當然也不會是最後一次）承辦墳墓或墓園的遷葬業務。喪葬事務十分敏感，需要謹慎處理。身爲前民政局長的蘇女士曾經擔任整建計畫的主管官員，她向我跟唐文慧教授解釋：「不像勞工局的同事往往堅持自己的理想，我們知道必須傾聽民衆的聲音，事情不是由我們全權決定就好，一定要徵得家屬的同意。二十五淑女墓是墓地，我們就跟每個台灣人一樣，必須尊重這個地方的精神與超自然層面。」

就工作方面來說，身爲旗津區公所民政課的職員，林先生的職責之一是熟悉當地的社會脈動，他一直密切關注社區事件和活動。就個人興趣而言，林先生熱心鑽研宗教知識，求知若渴的他會利用空閒時間主動到台北的中華道教學院進修。就像旗津區長向我們介紹林先生時說的：「他是這份工作的最佳人選。」林先生是旗津區公所裡最了解民間信仰的人，也能理解家屬的擔憂。在我們的研究過程中，林先生也鼎力相助。他幫忙找到罹難者家屬，協助安排我們和家屬會面，也爲我們補充當地脈絡，幫我們了解報導人想要表達的意思。

很多船難家屬一開始不能理解政府爲什麼又要再把他們女兒的遺骨挖出來，也無法諒解這樣的無理冒犯。我們訪談的一位罹難者父親哀嘆，一九八八年因爲高雄港擴建，墓地已經遷過一次了，現在「她們好不容易安息了！家裡所有家人也都安然無恙」。爲了說服家屬，林先生擬了一份說帖，列出五個切入點來說明市府的計畫對他們有益。第一，渡船事故已經是三十多年前的事，逝者父母老的老、走的走，家裡年輕一輩（像是兄弟姊妹及其配偶、兒女）會不會繼續祭拜死去的未婚姊妹或姑姑阿姨，還很難說。第二，墓地很容易遭到六合彩賭徒、遊蕩者、吸毒者等人的破壞，事實上也已經受到毀損，打擾了逝者的安寧，因此必須改進墓地的維護管理。第三，與逝者未婚身分連結的負面形象遭到放大，又由此衍生靈異傳說，導致大家輕易把逝者對台灣經濟發展的巨大貢獻拋諸腦後。第四，逝者已經超凡入聖，在天界位列仙班，她們不再是一般亡魂，應該接受新的祭祀方式，反映她們新升仙的地位。第五點也是最後一點，勞動女性紀念公園落成之後，墳墓會顯得格格不入，因此墓地需要改頭換面一番。林先生列的這五點意義深刻，背後有兩個目的：既要打動家屬的心（第一點、第二點、第四點），又要用家屬能接受的方式說明政府的政策（第三點、第五點）。

船難家屬基本上樂見大家重新關心二十五淑女墓。對很多人來說，「管理」是他們最在意的事。郭先生是其中一位罹難者的父親，也是船難事故後成立、一開始的協調委員會的成員，他的話明確傳達了家屬最深切的憂心：「基礎建設再好，沒人管理也沒有用。」這些年來，他看過癮君子躲在墳墓後面吸毒，也看過賭徒毀損不同墓碑上的照片。他還目睹墓地公廁變成「機車贓車分解工廠」：「他們把廁所裡面變成工廠，把機車拆開，拿走引擎，其他部分就隨便亂丟，到處都亂七八糟。至於外面，我們放在涼亭旁邊的銅鈴被偷了。我們種的兩棵蘇鐵也被連根拔走。一定要有充足照明，這是最基本的。燈光昏暗，就會有人躲起來做壞事。」

也有人反映，墓地外幹道路燈的燈泡常常不翼而飛，讓原本昏暗的墓地變得更幽暗陰森。二十五淑女墓遷至現址的頭幾年，家屬曾經試著用共同基金的經費持續維護墓地，不過經費很快見底。有一陣子，家屬也輪流清掃整理墓地，但是逝者的父母年事漸高、力不從心，沒辦法繼續，大家就放棄了維護工作。警車確實會不時過來巡邏，不過就像一位父親說的：「警察不可能整天待在那，對吧？」有些家屬建議市政府應該設立告示牌，說明毀損墓地是犯罪行爲，又有人補充，應該裝設監視器錄影，也重申更明亮、更全面的照明是當務之急。諷刺的是，即使在紀念公園落成以後，毀損行爲依舊不減，高雄市的行政機關也加入了抱怨破壞行爲的行列。二〇一三年，我參加了渡船事故四十週年紀念的一場籌備會議，會中勞工局的主持人要求工務局全數汰換破損或失竊的路燈燈泡。工務局養護工程處的代表抱怨，這根本是不可能的任務。即使工程處在週年紀念活動前一天晚上修好所有燈泡，也不能保證典禮當天早上不會在最後一刻有人搞破壞。不管聽起來有多誇張，這番話確實有幾分道理。公園白天依舊人煙稀少，晚上更是空無一人。除非當場抓到破壞公園的現行犯，否則家屬或市政府根本束手無策。如果不派人長時間（甚至全天候）顧著公園，基本上也無力阻止不法之徒。有些家屬確實表示希望有人全天候駐守公園，不過市政府從未認眞考慮執行。

根據高雄婦女新知的調查，或許就是因爲這個緣故，罹難者家屬似乎並不介意露天卡拉OK的存在（儘管高雄女權會強烈反對這一點），有些家屬甚至可說是歡迎他們在這裡做生意。卡拉OK店的老闆會幫忙打理墓碑，開門做生意之前會供奉鮮花，祭拜埋骨於此的女性，幾乎天天如此，做生意的時候也會幫忙注意周邊環境。這個簡單的卡拉OK生意吸引的顧客多半是周圍社區的老人家，他們財力有限，但有大把時間可以消磨。偶爾也會有附近建築工地的工人上門消費，在工作中間喝個幾杯，稍事休息（除了卡拉OK，老闆也賣便宜的食物和酒）。受訪家屬表示，卡拉OK店和顧客讓這個地方更有活力、更有生氣。「卡拉OK帶來人流，娛樂我們的女兒。」幾位父母這樣表示。家屬似乎也不介意在墓地附近進行商業活動，儘管高雄女權會也對此大加批評。二十五淑女墓遷至現址之前，有些家庭甚至在位於中洲村的旗津第一公墓向掃墓者兜售線香、蠟燭、水果，補貼家用。

鑑於這些情況，家屬似乎認可了市政府的提案。「整頓環境，還原環境的純淨美好」，他們認爲這個構想應該是朝正確方向邁進了一步。旗津區公所的林先生協助籌組新的六人協調委員會，成員包括原本協調委員會的三位罹難者父親（莊進春、莊國賢、郭瑞在）跟三位新成員，新成員都是罹難者的兄弟。一切似乎順利進行。但是等到林先生要求家屬簽署墓地整修同意書，阻礙便開始浮現。代表往生者簽署同意書不是純粹的世俗事務，必須先經過往生者同意。二十五名逝去女性的二十一個家庭執意要得到（死去）女兒或姊妹的首肯，才願意做決定或給予同意。家屬於是擲筊請示死者。然而，面對市政府或自己家人的種種請求，逝去的年輕女性未必都欣然同意，擲筊者往往要問好幾次才會得到答案；死者終於願意回應時，也未必表示同意。有時候逝去女性根本不予回應。得不到神靈的回應，表示神靈可能不願意考慮其問題或請求，或對此感到不悅。因此如果家屬得不到女兒的回應，他們認爲這代表死者不太樂見安息之地受到打擾。

取得同意的過程對林先生來說就像在坐雲霄飛車。在他正式著手進行之前，協調委員會的一些家屬已經先自行徵詢逝者意見，但是他們沒有立刻得到直接答案。郭瑞在告訴林先生，他反覆問了至少三十分鐘，都得不到逝去女兒的正面回應。最後他跟女兒說，計畫是市政府在做，如果她有什麼要求或不滿，應該去跟旗津區公所的承辦人反映。郭瑞在這麼一說，女兒立刻就同意了。跨越第一個障礙之後，事情順利進行。在郭瑞在等協調委員會成員的協助下，林先生迅速取得十幾個家庭的同意，不過之後進展又慢了下來。「那你怎麼辦？」我問林先生。他告訴我，事情不順時他會去天后宮或廣濟宮，在神明環繞下呆坐片刻，思考接下來如何進行。[8]這不是林先生第一次在工作上遇到鬼神方面的問題。他之前在另一個城鎮工作，有次在鎮上觀音媽廟爲了請示觀音，擲筊擲了整整三小時。他告訴我，和鬼神應對時不可操之過急。

林先生最後成功取得二十個家庭的同意，只剩下郭女士，她的三個妹妹在渡船事故中喪生。我們爲了訪問郭女士，曾經兩度前往她工作的海產店，她一發現我們要來，就早退避開我們（參見第三章）。林先生也面臨同樣情況，她知道林先生要來餐廳找她，就從餐廳後門離開。爲了和郭女士見面，林先生不得不商請新協調委員會的年長成員幫忙，也拜託郭女士的長輩和她村子的里長協助——基本上搬出了所有對郭女士而言具有某種權威或影響力的人物。在這些人陪同下，林先生幾乎天天拜訪郭女士，郭女士的態度漸漸軟化，但是仍舊不願意簽同意書。她解釋，這是因爲逝去的妹妹們沒有給她任何回應。我問林先生，他覺得郭女士說的是不是實話？他認爲是。於是林先生自願擲筊，直接請示逝者，但是卽使一問再問，也得不到好答案。這樣的僵局持續一陣子之後，「我只好請教當地廟宇的師父，學習用難以拒絕的方式表達請求，」林先生說明，「如果擲到笑筊，就知道離目標近了一步。再來就要修改問題，讓答案繼續往正確方向前進。接下來重複操作，一問再問，一直問到明確的肯定答案爲止。」

卽使如此，林先生還是難以得到明確的「同意」。林先生苦苦哀求，甚至承諾以後每個月都會帶水果來祭拜逝者。「我幾乎用盡了所有想得到的方法（來說服郭女士的妹妹）。」他說。「最後我跟她們說，自己只是聽命於大老闆（卽市長）的小員工，懇請她們理解我的難處。我這麼一說，她們立刻給我聖筊。啊，這些女性的確知道爲人下屬的辛苦！」之後郭女士便簽署了同意書。從前面二十份同意書到這最後一份同意書，時間經過了一個月。

第三回合：市府下令的墓地整治

第三回合是國家權力的展現，說明現代國家的空間治理特權，尤其有權裁奪墓地管理與其他競爭利益孰輕孰重。在市長辦公室領導下，高雄市政府以公共利益之名，在特定的道德地理（moral geography）思考下，定出土地利用的優先次序。市政府透過這種方式，將喪葬景觀的改造當成治理工具，重視的是建立於人際往來的現代新公民意識，而不再將親屬關係視爲社會組織中心。

儘管船難家屬同意整修二十五淑女墓，但這不表示他們對市政府進行中或計畫中的工程照單全收。整建之初，家屬立刻提出一個疑慮，也就是二十五座墳墓將何去何從。市政府實際動工前的公告沒有提及淑女墓整建後，二十五名逝者的遺骨要遷至何處、如何遷葬。市政府對此避而不談著實耐人尋味，這代表了幾種可能：也許市政府已決心拆除墳墓；也可能只是表示直到實際動工前，市政府都還無法決定墳墓該如何處置。另一種可能是，市政府刻意留下模糊空間，以便將來調整計畫，納入整建過程中可能出現的不同選民要求。畢竟，台灣人極度看重生者與死者及冥界的關係，任何工程只要牽涉到墳墓或墓地改建，都必須嚴肅以對。

我和唐文慧教授沒有機會訪問陳菊市長，不過我們接觸了與陳市長就紀念公園案密切合作的幾位市府官員，從對話中可以淸楚體會市長整頓二十五淑女墓的決心。旗津區公所的區長表示，市長常常問起整建進度，讓旗津區公所備感壓力。一位跟市長關係密切的勞工局官員告訴我們，這可能和陳市長一九九〇年代擔任台北市社會局長的經歷有關。陳菊在擔任台北市社會局長的四年任期間（一九九四至一九九八年），下令清理台北市第二殯儀館附近小山丘上大量隨意掩埋的荒廢墳墓。在勞動女性紀念公園的破土典禮上，據聞陳菊市長提起當年的計畫如何成功整治大片山坡地，恢復綠蔭草地的原貌，讓民衆可以再度前來踏青。

墓地整治是陳菊市長任內重要政策之一。近年來，台灣各地愈來愈多大大小小的市區公墓和靈骨塔遭到拆除、重劃分區，改做商業、住宅、娛樂用途。有時候的做法是把政府機關的土地（向來坐落在城市或城鎭中心）和剛剛整治完成的前墓地土地交換，如此便能釋出具有潛在商業價値的房地產，重新開發利用（旗津區公所和市立旗津醫院就是一例；參見第五章）。陳菊在自己的傳記中提到，她的市政團隊首要施政方針，就是公共土地的利益應該由衆人共享，墓地整治則是達成目標的方法。[9] 傳記中特別提到的例子是北高雄右昌重劃區對面的右昌公墓遷建案。在陳菊上任高雄市長以前，高雄市政府長期把墓地周邊的土地租給附近的老人家種菜。陳菊市長告訴傳記作者，過去歷任市長都承諾要拆除右昌公墓，但是沒有一個人履行諾言。她上任時也說要遷建公墓，聽到的人都以爲她在說笑。但她不是開玩笑。她指示民政局職員和右昌公墓長眠者的子孫持續溝通，採取一切必要手段來徵得子孫的同意，達到「讓祖先有更好地方住、讓子孫有休閒空間可以用」。[10]

不過，拆除墓地也只完成了任務的一半。就算子孫同意遷葬，也無法保證附近居民會願意利用墓地改建成的公園。社區居民擔心埋葬過遺體的土壤會影響居民和公園使用者的健康，要求更換公園預定地的土壤。爲了滿足居民的要求，市政府斥資四千萬新台幣進行換土工程，總計挖起面積六萬平方公尺、深度八十公分的土壤，再用城市另一角滯洪池工程挖出的新泥土回填。換土工程完成以後，高雄市工務局才動工把原本的墓地改建成占地十七萬平方公尺的右昌森林公園——這是當地人取的名字，他們對改造後的空間十分滿意。

陳菊擔任市長期間還進行了另一項大型墓地整治工程：覆鼎金公墓。覆鼎金公墓恰恰位於國道一號交流道旁，由於位置的緣故，外地遊客如果是走高速公路來到高雄，覆鼎金公墓往往成爲他們對高雄的第一印象。覆鼎金公墓歷史悠久，根據民政局的紀錄，公墓裡共有一萬六千多座墳墓，遷葬是一項大工程。民政局雇用工人開始挖掘清理才發現墳墓層層疊疊，深達三公尺，有些墳墓的年代甚至可以追溯到十八世紀清朝初年。深入清查發現，其中一萬多座墳墓埋有遺骨，五千多座則是空墳。市政府於二〇一五年展開覆鼎金公墓整治計畫，分成五階段的多年期工程，最終目標是把原本的墓地改造成綠地，串連公墓兩側的澄清湖和金獅湖，將整片區域打造成大型森林公園。

上述的大型公墓整治計畫牽涉的死者與生者動輒破萬，相較之下，二十五淑女墓整建工程只影響二十五名逝去女性與二十一個家庭，規模小了許多，情況也比較單純。不過從這些大型墓地整治計畫可以發現，陳菊市長抱有勢必完成工作的決心，也深信應該用「現世」方式弘揚公共土地的價值。二十五淑女墓當然不只是單純的合葬墓，此地也訴說著自己的故事。儘管如此，這個故事的目標聽眾不該只是故事主角的往生者、或她們的在世家屬，這個故事應該要說給一般大眾聽。前民政局局長蘇女士告訴我們：

> 陳市長一直認為二十五淑女墓是用一種古老方式在紀念逝去的年輕女性。因為古老，所以讓人覺得疏遠、陰森，於是沒什麼人敢去走動，這個地方也就失去了紀念空間的功能。現在既然整個墓地要改建成公園，陳市長認為二十五淑女墓也應該改頭換面，才能跟之後新蓋的公園環境融為一體。她認為改建重點之一是改變墓地的外觀，這樣大家才會願意親近，民眾才會了解這些刻苦女性的故事，以及她們對台灣經濟的貢獻。市長又指示，應該設置紀念碑或類似的東西來取代二十五座淑女墳墓。

第四回合：十八王公與二十五仙姑

國家介入是爲了製造論述效果，把渡船事故罹難者的身分從個別家庭的家人變成高雄市民，將她們從私領域推上公共舞台。不過轉變不是只發生在國家職權範圍內，公私之分也不等於世俗與凡塵之分。在漢人民間宗教裡，神靈若能顯靈吸引信徒，就能提升在天界的地位，從私人家庭崇拜的家神變成全社區甚至全社會敬拜的神明。在第四回合裡，二十五名罹難者的家屬利用高雄市政府提供的機會，希望能讓位列仙班的女兒接受大眾祭拜，可惜成效不彰。

林先生從旗津區公所得到的指示是，二十五座墳墓要遷離勞動女性紀念公園，原本墳墓的位置會設立紀念碑，而他的任務同樣又是說服家屬簽署同意書。對家屬來說，這代表要再次擲筊請示。區公所並沒有告訴林先生墳墓會怎麼拆除、要遷到哪裡。市政府內有些人建議將這些女性遷葬他處，不過家屬不太樂意讓她們葬到遠方。有家屬提議將收納遺骨的骨甕放在紀念碑下方，但是擔心地底墓穴太「陰」，所以想要放在地面之上。

家屬之間展開了多次討論，連帶也和林先生進行多次協商，最後才同意市政府拆除墳墓的提案。許多家屬心目中最理想的做法，是在二十五座墳墓的原址蓋一座像十八王公廟的廟宇。十八王公廟原本只是合葬無名屍的陰廟，這類陰廟在台灣各地隨處可見，坐落在路邊，幾乎無人聞問；然而一九八〇年代以來，十八王公廟卻獲得了前所未有的人氣，發展成大廟。[11] 聲名最盛的時期，十八王公廟夜夜吸引成千香客，導致北海岸濱海公路塞車，各式各樣的人都來拜十八王公求事情，用適當方式還願，像是供奉金牌給王公、捐錢給廟宇，或是贊助酬神戲等等。十八王公之所以受歡迎，主要是因爲祂們是陰神，願意應允一切請求——尤其是正神一般會拒絕的請求——畢竟祂們沒有子孫來拜，只能在陰間挨餓。唯一的條件就是香客要好好還願，否則會遭到激烈報復。人類學家魏樂博（Robert Weller）稱其爲「銀貨兩訖的宗教，有點像是和地痞流氓做買賣一樣」。[12]

渡船事故罹難者的家屬提出希望將二十五淑女墓改造成類似十八王公廟的地方，他們心裡浮現的倒不是十八王公廟銀貨兩訖的宗教性。從家屬的角度來看，二十五淑女就像十八王公一樣，無法在祖先供桌上占有一席之地，兩者都死於船難，故可互相類比。家屬們看到十八王公成功吸引大批香客、信徒、遊客，似乎是二十五淑女墓的最佳典範。加上旗津船難往生者已經不只是普通女性，而是正在修行悟道的仙姑，因此家屬建廟的要求似乎更有道理了。一位罹難者的兄弟表示，廟裡可以供奉二十五尊金身，接受香客祭拜。另一位罹難者的兄弟補充說，廟宇可以附設由家屬經營的小店，販售拜拜用的線香、蠟燭、紙錢給香客。有些家屬甚至直接在二十五淑女墓前擲筊請示逝者，不過儘管一試再試，還是無法從逝者那裡得到同意建廟的肯定答案。家屬詢問逝者是否同意市政府用紀念碑代替墳墓的提議，逝者反而立刻表示同意。

除了決定二十五座墳墓的處置，另一個問題是牌坊的去留。大部分家屬都偏向保留牌坊，理由包括「很有紀念價值」、「牌坊很大，遠遠就能輕鬆看到」。家屬也堅持公園的名字應該保留「二十五淑女墓」幾個字，或至少保留「二十五淑女」或「二十五」。不過高雄市政府的態度是把牌坊完全拆除，無意保留牌坊的任何部分。罹難者家屬與市政府意見不合，在渡船事故中失去兩個妹妹的糕餅店葉師傅就此發表看法，他的一番話清楚表達出家屬的不滿情緒，也凸顯了市政府和家屬對公園宗旨看法的根本分歧：「該問的**真正**問題是，公園是不是在紀念二十五名船難往生者。把公園命名成勞動女性紀念公園，等於在說公園的紀念對象是每一位台灣勞工婦女。但是如果沒有這二十五位，根本不會有這個公園。她們當然應該是公園的核心焦點。」

爲了解決爭端，家屬再次請示逝者。這次逝去的女性不同意政府拆除牌坊的提案。妥協之下，協調委員會及林先生向市長辦公室提出兩項方案：一、將牌坊保留爲歷史建築，這表示要整理周邊環境，保留現有牌坊，將題字從「廿五淑女之墓」改成「勞動女性紀念公園」或「二十五淑女紀念公園」；二、拆除現有牌坊。市長辦公室決定採取第二案，拆除牌坊。我們訪問蘇前局長的時候，她回憶當時的情況：「墓地遷葬過程可能會牽扯到很多事情，我的直覺是一步一步來，很高興能夠進展到這個地步……我覺得保留牌坊也可以，不過市長說不行，牌坊一定要拆。」

指令既出，林先生的任務就是讓家屬們接受市長的決定。他又擬了另一套說帖，這次強調的是牌坊四周已經改造成現代化綠地公園，牌坊矗立在中間實在格格不入。等到二十五座墳墓換成紀念碑之後，牌坊會顯得更突兀。林先生分析，如今公園已被賦予進步意義，紀念勞動女性的經濟貢獻和勞動安全，擁有時尚、現代的外觀，繼續保存老式牌坊只會讓路人望而生畏，無法傳達深刻意義。家屬們最後接受了林先生的說法，同意既然要拆除二十五座墳墓，單留牌坊沒有太大意義。家屬讓步，牌坊就此拆除。

但是家屬讓步得不甘不願。勞動女性紀念公園盛大揭幕的多年之後，接受我們訪問的家屬仍有許多人對拆除牌坊表示遺憾。對他們來說，這件事可說隱約、也可說直接點出他們不再能掌控女兒和姊妹的命運，國家行動者的強硬意志接掌了決定權。有些父親補充，其實只要牌坊留著，他們也可以接受牌坊的「廿五淑女之墓」題字換成「勞動女性紀念公園」。他們甚至可以接受用高大顯眼的地標來取代牌坊，幫助大家從遠方看到公園。林先生回顧當年，同樣也對牌坊去留產生不同想法。身爲公務員，當時他別無選擇，只能聽從長官命令。但回想起來，他覺得市政府決定徹底拆除牌坊十分可惜，「我們之所以珍惜歷史文物，認爲文物具有歷史價值或紀念價值，正是因爲文物經歷了時間的考驗流傳下來。如果我們一直把舊東西拆掉，還會有東西留下來幫助我們了解歷史嗎？」

第五回合：勞工紀念碑即為國家紀念碑

喪葬景觀承載了人類最根本或許也最神聖的情感與信仰，正是因爲如此，喪葬景觀往往不只儲存個人記憶，也儲存各種集體記憶。喪葬景觀於是提供了一個理想的場域，重新喚起根深柢固在「民族」（nation）心中特有的深層核心價值。[13]勞動女性紀念公園落成之後，比賽進入第五回合，高雄市政府希望把新的公園宣傳成勞工權利和性別平等的象徵——易言之，一個進步城市的縮影——這是整體地方創生計畫的一環。市政府試圖藉此打造新的城市意象，向外大聲宣布高雄是台灣的重要城市，代表了民族的靈魂和國家（state）的未來。

勞動女性紀念公園逐步成形，而主導這個過程的核心原則有二：一是都市更新，一是驅逐神祕，避開超自然世界任何可能被視爲迷信、不現代、非理性的東西。因此，整建後的公園不應留下任何會讓人想起二十五淑女墓的痕跡。於是二十五座墳墓和一旁的金爐拆除了，牌坊也拆除了。不過后土（墓前守墓的土地公、保護逝者的神明）的石碑在家屬堅持下得以保留。市政府同意家屬的要求，但把后土從原來墳墓旁的顯眼位置移到了新的公園邊緣比較不起眼的角落，一般民眾幾乎不會發現。不論如何，公園裡還是有后土，說明公園仍然是墓地，這對一些人是明確資訊，但對多數人卻只是一個隱約的提示。

同時，公園中央原本墳墓的地方設置了佛教蓮花雕塑，安放在基座之上。市政府一開始提議設置《船》的雕塑，但家屬不同意，他們想要能夠代表女兒和姊妹往生身分與神格的象徵。市政府尊重家屬的意願，將《船》移到公園一角。黃先生的妹妹在渡船事故中喪生，接受訪問時，他自豪地告訴我們，蓮花的想法是他提出來的。當年渡船事故發生時，他年紀還太輕，無法加入當時的協調委員會。不過近年來隨著父母這一輩老的老、走的走，他漸漸承擔起協調的角色，後來新的協調委員會裡有三名成員是罹難者的兄弟，他是其中之一。黃先生平時經營一家成功的營建公司，也積極參與好幾個志工團體，包括扶輪社和國際獅子會的當地分會。黃先生透過平常工作和做志工建立廣大人脈，也認識了幾位地方政治人物。他回憶說：「市政府揭曉設計的時候，我們心想，『天啊，這個有稜有角的東西是什麼？』我立刻跟他們說不要這個，我希望他們幫我們做一朵蓮花。」我們詢問為

勞動女性紀念公園內的佛教蓮花雕塑。圖片來源：作者拍攝。

什麼特別選擇蓮花，黃先生回答：「大家都燒香拜佛，這些女性也都裝了金身。我們想要佛教的東西。」

黃先生又高興地補充，紀念公園裡的蓮花不是盛開的姿態，爲了表明死者的未婚淑女身分，他特別要求蓮花要**含苞待放**。他也要求市政府安裝燈光，讓蓮花即使在夜間也能被照亮。市政府也同意家屬的要求，特別在蓮花雕塑下方的基座裡打造一間地上墓室，二十五個骨甕用原本二十五座墳墓的排列方式收納在內。除此之外，墓室外還裝了一個低調的埋設式喇叭，全天候唱誦佛號「南無阿彌陀佛」，爲逝者助念，護佑逝者往生淨土。船難者的父母本來希望在蓮花下方的基座裝一扇可以從外面打開的門，方便他們偶爾進墓室清理骨甕。但是陳菊市長不同意，她認爲如果裝了門，不只過世者的父母會進去，任何人都有可能進出，這樣一來二十五名女性的最後安息之地很可能會再次被破壞，重演過去的毀損行爲。因此墓室決定永久密封。

即將刻在蓮花雕像基座上的墓誌銘引發了最後一輪協商。二十五淑女墓原本的碑文說明合葬墓紀念的是二十五名未婚年輕女性，她們在機械故障引起的渡船事故中不幸喪生。碑文總結了船難者的身分、事故經過、死因。市政府邀請家屬就新銘文的內容提出意見，家屬鄭重以對。他們以原碑文爲藍本補充敍述，娓娓說明二十五淑女墓如何因高雄港擴建而遷至現址，也細述當時的高雄市長如何幫忙解決賠償問題及改善中洲對外交通。家屬起草的新碑文最後一一列出逝去女性的姓名與出生日期，以即將拆除的牌坊上所刻的對聯做結，對聯訴說這些女性犧牲生命換來了交通基礎建設的改善，將會永久造福後代子孫。幾位家屬與旗津區公所林先生更共同提議，可以在紀念公園內設立一面「紀念故事牆」，詳細列出渡船事故前因後果的年表，以及二十五名罹難者的人生故事。他們認爲這可以幫助遊客深入了解旗津當地的歷史，體會這起悲劇如何深深牽動旗津一地。與此同時，由於取代二十五淑女墓的勞動女性紀念公園將成爲高雄市新的女性文化地標，因此高雄市政府也正式邀請國家文化總會起草墓誌銘內容，並將草稿交給唐文慧教授過目，徵詢唐教授的意見。國家文化總會的文稿與死者家屬所擬落差極大，不過最後採用的是國家文化總會的版本，成爲新公園的墓誌銘。

二〇〇八年九月三日，奪命渡船事故事過三十五年後，勞動女性紀念公園正式落成。紀念活動特別設計了陳菊市長陪同船難家屬坐船的環節，重現一九七三年悲劇發生那天早上，二十五名女性搭渡船去上班的情景。船隻抵達渡船事故發生的高雄市區這一側時，船上衆人將白色菊花拋入水中，向罹難者致意。當天稍後，市政府也在新落成的勞動女性紀念公園內的佛教蓮花雕塑旁舉行紀念儀式。陳菊市長的話語「懷念勞動姊妹，祈願幸福城市」與國家文化總會撰寫的墓誌銘一併刻在蓮花雕塑的基座上。墓誌銘說明了紀念公園的宗旨：

> 在此安眠的，是廿五位在勞動前線上奉獻生命的女性。一九七三年……她們於通勤過程中殉職。高雄市政府將罹難者合葬，名為廿五淑女墓，作為旗津居民重要的當代生活史蹟，及基層勞工為台灣經濟成長奉獻生命的血淚見證。但淑女之稱，隱含刻板性別意識，而忽略女性勞動者的貢獻，及職場工安的重要……高雄市政府在高雄市女性權益促進會等團體建議下，將廿五淑女墓正名改建為勞動女性紀念公園，以紀念廿五名工殤烈士……祈願我們能共同打造一個屬於勞動者的國家、屬於弱勢的城市，以不負這廿五個美好生命的逝去。

墓誌銘後面依死者家屬建議，一一列出二十五名逝去女性的姓名，不過出生日期則略去不表。

之後，每年四月二十八日的工殤紀念日前後，高雄市政府都會在蓮花雕塑前舉辦春祭。除了陳菊市長和市府團隊，頭幾年只有罹難者家屬受邀參加。二〇一二年，市政府開始動員當地小學生在典禮上表演，打太鼓、吹直笛、朗誦詩歌。市政府希望透過讓孩子在春祭上表演及參加紀念活動，讓孩子了解二十五名女性之死背後的歷史，還能體會到紀念公園不可怕，是好玩的地方。換句話說，政府又一次努力想讓勞動女性紀念公園擺脫「死者安息之地」的形象，將之重新定義成「遊憩空間」。除此之外，高雄市政府也藉每年春祭重新申明市府對勞動安全的重視，包括通勤安全在內。

多軌並行的紀念之道

高雄市政府依照家屬要求，在原本墳墓的地方設置了含苞待放的佛教蓮花雕塑，把《船》雕塑移到一旁。不過新的勞動女性紀念公園入口路標上放的仍然是《船》的形象。這似乎再次凸顯了高雄市持續將公園世俗化的努力，這從蓮花雕塑上鐫刻的銘文也可見一斑。觀諸整建後的公園，銘文身兼多重論述目的，尤其是從官方角度出發：銘文論述強調逝去女性的經濟貢獻，肯定她們是台灣整體歷史的一分子，回應了女性主義者將二十五淑女墓從私領域帶入公領域時提出的核心議題；銘文論述也強調高雄市政府對性別平等和勞動安全的重視，有助強化高雄現代城市的光環，也將市府團隊塑造成改革進步的政府。至於情感面，將這些女性描繪成工殤殉職的崇高勞工，也能有意無意地促進高雄城市觀光的發展。畢竟，還有什麼能比二十五名年輕女性在前往高雄加工出口區上班途中不幸喪生，更適合象徵高雄過去作爲藍領階級勞工城市的浪漫與哀愁？總體而言，蓮花雕塑銘文暗示了「女工」的角色已經從全球工業主義下製造業勞動力的一分子，轉變成今日後工業世界中文化生產與消費的新興焦點。

從另一方面來說，新蓋的勞動女性紀念公園也許褪去了墓地的舊貌，卻沒有完全失去墓地的功能。對家屬來說，這代表一種妥協。提出蓮花雕塑構想的黃先生直言：「紀念是紀念，掃墓是掃墓。」對比了兩者不一樣但未必衝突的本質。除了市政府一年一度的春祭，有些家屬平常也繼續到佛教蓮花雕塑探望女兒和姊妹。他們也許無法燒香，但還是可以獻上鮮花致意，合掌祈禱，和女兒、姊妹說說話。如果想燒紙錢，也可以到公園外面的路邊燒。

本章的民族誌敘事說明了多軌並行的紀念之道。二十五淑女墓整建案展現國家力量如何干預喪葬景觀，塑造往生者的世界。這個故事說明國家如何將超自然世界理性化，藉此從現代國家角度將現代性帶入民族認同；也說明了國家如何從自認合理的角度，挪用社區記憶與情感以達成更大的公共利益。然而，儘管遭到現代國家力量的挪用，對逝者的強烈情感也成為凝聚家屬的力量。人類社會裡，死亡的現象必定會深深撕裂社會結構，發生橫死時更是如此。依據漢人親屬關係的邏輯，死亡引發的斷裂主要透過民間信仰修補，尋求神鬼的合作。然而鬼魂轉瞬即逝，祂們來來去去，顯靈與否亦不可測。更重要的是，鬼魂沒有身體，無視外界壓力與法律約束。終極而言，國家自可盡顯都市計畫和政策制訂的能耐，精心安排、控制、照顧公民的生活，然而鬼魂不會聽任治理者依樣畫葫蘆的擺布。鬼魂不受現代國家的邏輯支配。

第三部　來世

勞動女性紀念公園入口。圖片來源：高雄市政府觀光局。

第七章　紀念的延續與超越

勞動女性紀念公園落成之後，高雄市政府遵守對罹難者家屬的承諾，年年在工殤日前後舉辦春祭，市政府也同時藉這個場合重申對勞工權利和性別平等的重視。除了這一年一度的春祭活動之外，勞動女性紀念公園基本上一片寂靜。與此同時，旗津漸漸成爲高雄市假日遊客與外地旅客最愛的觀光勝地。整建後的紀念公園名列旗津觀光地圖上的景點之一，不過在觀光客心中並不是拍照留念的理想選擇。事實上，勞動女性紀念公園的外觀不是很起眼，遊客常常根本沒注意到公園的存在。瀏覽旅遊網站可以發現，一般大衆似乎不做多想，基本上也就接受了官方敍述，認同勞動女性紀念公園是紀念女性勞工之地。例如線上旅遊公司四方通行就在網站上介紹，不論二十五淑女墓對渡船事故罹難者與家屬來說有多重要，「（紀念）碑文囿於當時之見，僅以未婚少女稱之，並未提到其職業身分，以及因通勤安全不受重視成爲職災受害人的事實……（後來）高雄市政府……將二十五淑女公墓正式更名爲『旗津勞動女性紀念公園』，提升該景點的正面意義，並使企業主更爲重視勞工安全、記取教訓，避免再有不幸的工安意外發生」。[1] 另一方面，「勞動女性紀念公園　靈異」、

「二十五淑女墓 靈異」也出現在Google熱門搜尋關鍵字，可見這些不幸少女鬼魂的故事依舊引人好奇。

大眾對勞動女性紀念公園興趣缺缺、提不起好奇心，這讓我們想起歷史學家皮埃爾·諾拉的「記憶之場」：紀念場所凍結了記憶，大眾則木然接受官方的認可歷史。這似乎正是一個「主動忘卻」的例子：成爲被動觀者的大眾卸下責任，不再需要思考自己和紀念對象的關係，也不必反省塑造紀念對象經歷的結構性限制，以及奪走紀念對象生命的暴行。[2] 與此對比，比較文學與文化研究學者安·里格尼（Ann Rigney）從另一個方向反思諾拉的概念，讓我們可以用不同角度評估勞動女性紀念公園作爲一個紀念場所的角色。[3] 里格尼將焦點放在紀念場所的「生命」。里格尼指出，儘管「紀念場所」確實是個有用的分析概念，但是如果把「紀念場所」詮釋成與特定人物、圖騰或紀念碑永久連結的集體紀念，可能會造成誤導。爲紀念下定論，實際上等於將一切拋諸腦後。里格尼主張研究「記憶之場」時，探討「紀念」（remembrance）一詞的行動面，將焦點從「場所」轉向「行動」，不把記憶的場所視爲穩定的地方或物體，改而視之爲**記憶的過程**。[4]

本章討論二十五淑女墓整建竣工後的長期影響。與前面幾章不同，本章循著里格尼的思路，以政府性別政策的視角切入，將焦點從二十五淑女墓及之後的勞動女性紀念公園作爲一個實際的紀念場所，轉移到淑女墓與紀念公園歷久彌新的意義。儘管二十五淑女墓的去汙名化運動是由地方團體推動，但運動本身也體現了更廣泛的社會文化變遷，同時也得力於整體女性主義運動潮流。政府的性別主流化政策提供制度框架，讓台灣的女性主義者可以從政策面和社會面改造父系家族制度。性別主流化政策也幫高雄女權會拓展了參與市政的機會，高雄市政府因此更能接受高雄女權會性別運動的目標。勞動女性紀念公園落成後的幾年間，民眾對公園的看法和利用方式都還在形成之中，不過旗津渡船事故罹難者的事蹟持續在女性主義討論裡占有一席之地，也仍然是女性主義者提倡性別平等的有力案例。

二十五淑女墓的去汙名化與墓地改造並非高雄女權會運動的終極目標，階段性任務也許是更貼切的形容，女權會希望透過這個手段達成性別平等的最終目的。事實上，綜觀普世，紀念館、紀念碑、遺址之所以建立，幾乎都不是爲了理解過去，而是爲了達成當下的關注重點。高雄女權會的二十五淑女墓運動始終受到台灣女性主義浪潮的影響。既然二十五淑女墓運動必須放在現今的整體脈絡下理解，其持續影響也必須從整體女性主義運動的角度來評估。勞動女性紀念公園不只是紀念場所，更是紀念的過程，爲了從這個角度探詢紀念公園的角色，我以前面（第四章）台灣女性主義運動的討論爲基礎，將重點放在政府的兩項改革。一是二〇〇四年通過的《性別平等教育法》，通過時間正值高雄女權會推動二十五淑女墓運動之際，這項法案對學校教育課程等各方面產生了深遠影響。二是全國的喪葬禮儀改革運動，改革對象是台灣的喪葬儀式，諸如未婚女兒不得進祠堂等等——這正是旗津渡船事故罹難者當初面臨的命運。看似不相干的兩項改革其實關係密切，兩者發生時間相近，都是性別主流化政策的產物，希望處理思想和日常習俗中重男輕女的性別偏見。負責規畫與執行改革的政府官員和女性主義運動者，構成這兩項改革的另一個連結。更重要的連結是，參與這兩項改革的教育工作者都認爲性別平等教育是治本之道，能夠改變男性中心的思想與習俗，包括文化裡根深柢固的傳統喪葬儀式。

本章探討的兩項政府改革並未特別針對二十五淑女墓和勞動女性紀念公園，但淑女墓和紀念公園可以說是「運動素材庫」的一部分——也就是說，女性主義運動者或社區倡議者可以利用這些資源，從中汲取靈感或用來推動訴求。這點清楚見諸本章前半部討論的性別平等教育運動案例。教育工作者有機會把二十五淑女墓納入性別平等教育的教學現場，開啟了批判性紀念的可能，讓學生有機會批判思考，不只能思索事故年輕罹難者的生與死，也能反省源自性別與帶有性別偏見觀念的知識生產，從課堂內延伸到課堂外。

本章後半部將焦點放在政府主導下習俗改革的相關議題，包括喪葬儀式的改革。二十五淑女墓並未包括在喪葬儀式的改革事項內，然而二十五淑女墓背後的文化觀念與逝者及家屬後續面臨的困擾，正是習俗改革提倡者想要根除的陋習，這也爲高雄女權會改造二十五淑女墓的運動提供了正當性。除了政策面的喪葬儀式改革之外，我也深入討論政府的改革如何影響實際的喪葬習俗。性別平等教育實際上是由教育工作者（尤其是大學教授）

主導，但是喪葬儀式改革的情形不同，儘管是由女性主義運動者（包括大學教授）提倡，主要卻是透過殯葬從業人員的日常運作而落實。殯葬從業人員基本上就是以務實方式和客戶打交道，不抱特定的思想主張。儘管如此，許多業者因爲參加國家的喪禮服務技術士的證照考試而寫到具有性別敏感度的試題，或是因爲參加政府辦理的專業培訓課程而接觸到喪葬儀式改革。本章最後分享兩位殯葬從業人員的經驗，說明一般大眾對於習俗改革的看法。這兩人的經驗也告訴我們，圍繞父系家族制度的喪葬習俗過去被視爲神聖不可侵犯，也讓二十五位渡船事故罹難者淪爲不得入祠堂的女鬼，但這套習俗如今正在改變，原因不只是政府推動改革，也是因爲支持這套習俗的社會人口環境已然變遷。

性別平等教育運動

推動性別平等教育是一九八〇年代晚期以來台灣主流教育改革的核心目標。包括女性主義運動者、鑽研婦女研究與性別研究的大學教授等等，來自各界的倡議者攜手合作，投入這波教育界的性別改革。婦女新知基金會一九八八年的研究指出，中小學教科書裡針對女性的性別歧視隨處可見。舉例來說，教科書常用概括的男性語言來代表全人類，男性也比女性更常出現在文字敘述和照片裡。教科書提到女性時，往往將女性描繪成追隨者與從屬者，居於男性的主導地位之下；對女性本身的成就幾乎隻字不提。婦女新知基金會的結論主張，教育工作者需要修改帶有性別偏見的教材，以性別平等的教材取而代之。[5]

一九八八年的研究成果發表之後，婦女新知基金會於一九九六年向教育部轄下的教育改革審議委員會請願，要求修改教科書、培訓教師、設置校內性別平等委員會、增加女性的教育決策參與率、開設婦女研究課程。前四項要求成爲二〇〇四年通過的《性別平等教育法》總則，同年底通過的《性騷擾防治法》規定中小學必須提供性別平等教育，進一步強化了性別教育改革的力道。值得一提的是，西方的婦權運動者認爲教育和一系列經濟因素有關，一般普遍認爲，女性如果能夠接受與男性品質相當的教育，就有機會獲得更好的工作，以及更廣泛參與社會和政治活動。然而教育程度不保證能夠全面消弭性別差距，因此台灣的社會運動者從一開始就將教育和一般人的文化觀念連結在一起。[6]台灣以社會運動的力道提倡性別平等教育，挑戰父權思想規範的歧視性別角色。[7]

事實上，台灣爲全球婦女運動、綜合立法與政策執行全面制度改革提供了一個範例。台灣性別平等教育運動的一大成就，就是性別平等教育的立法。女性主義運動者在推展性別平等運動時直接參與立法過程，她們影響了法案構思和起草的方向，推動由國家支持的教育改革，得以強調必須使用性別平等的語言，也必須將性別平等視爲要務。[8]之後通過的《性別平等教育法》強調，爲了透過教育減少性別不平等，不只要增加女性受教育的機會，也要消除教材和教育環境中的性別刻板印象。[9]《性別平等教育法》規定，學校必須提供性別友善的環境，以保障學生的受教權，因此從小學到大專校院的各級學校都必須設立性別平等教育委員會，負責推動性別平等計畫，防治校園內的性侵害與性騷擾。法案也要求學校教職員尊重學生的性傾向，爲許多學校開啟了往後幾年LGBTQ權利教育的大門。[10]總結來說，台灣性別平等教育的教學方法是以消除根深柢固的性別刻板印象和性別歧視爲宗旨，具體措施包括提供不歧視的課程與教育環境，強調與尊重基於生理性別、性傾向、性別特徵、性別認同等各方面的差異。《性別平等教育法》提供了法律基礎，讓大家透過教育促進性別平等、整合教師聘任培訓的既有規範、設計課程與教育環境，以及建立處理校園性騷擾、性侵害、性暴力的機制。[11]

性別可以這樣教！

包括教科書在內的各式教材是學校向學生傳遞知識與社會價值觀的主要媒介。《性別平等教育法》通過的三年之前，於二〇〇一年修訂的「國民中小學九年一貫課程綱要」明訂性別平等教育是核心議題之一，性別平等議題必須融入課程之中。《性別平等教育法》進一步規定，國民中小學每學期應實施至少四小時的性平教育相關活動，高中及專科學校應將性別議題融入課程，大專校院應廣開性別研究與婦女研究相關課程。[12]儘管如此，修訂教材曠日費時，培訓與聘用具有性別意識的教職員來落實性別敏感課程同樣不是一蹴可幾。[13]

蕭昭君教授是《大年初一回娘家：習俗文化與性別教育》的共同主編，[14]她最知名的事蹟就是成爲蕭家祖祭史上第一位女主祭（參見第四章）。蕭教授回憶自己將性別議題融入教學的經驗，她任教於國立東華大學教育與潛能開發學系時，學生必須在高年級完成專題研究，才能順利畢業擔任教師。蕭教授多年來一直努力探討，要怎麼引導學生批判地思考關於知識生產的議題，最後結論是從學生自身經驗出發——也就是個人的、親密的，在大多數情況下被視爲理所當然、因此不令人生畏的切身相關經驗。學生面對這樣從個人經驗出發的練習不會卻步，比較容易進入狀況。蕭教授通常會要求她的學生書寫自己母親的故事。如她所料，這個看似單純直接的作業常常引起高度爭議，往往會有一、兩個學生（多半是男生）質疑書寫女性故事的價值。他們懷疑研究母親的人生是否眞會有所收穫，然後問蕭教授能不能改成書寫父親的故事。學生們的母親也常常提出質疑或表示猶豫，她們有時會因爲成爲子女矚目的焦點而感到尷尬不自在，進而鼓勵自己的女兒或兒子改去訪問父親，因爲她們認爲父親經歷的人生更重要，可以分享更有意義的事情。而最大的阻礙往往來自父親。有次，有位女同學在期末報告時，提到父親對她的研究方向「有意見」：

我爸說：「為什麼要這麼麻煩，隨便瞎掰就好了，教授也不會知道呀。」……我爸一直覺得「當時的人都這樣生活，沒有什麼問題啊，有什麼好問的！」當我在訪談媽媽時，他總是會突然冒出來，一下要我媽煮飯、一下要我媽打電話聯絡工人……（努力找出合理藉口，）技術性的杯葛（我訪談媽媽的過程）。[15]

女同學的故事聽得全班哈哈大笑，許多人也頗有同感，大家在收集母親的人生故事時，同樣面臨父親或多或少的質疑、懷疑乃至明確反對。不過不管父親的干擾是好笑還是煩人、隱約還是直接，也成爲迫使學生正視家庭內部權力關係的關鍵時刻。一位女同學反思：「如果一個女兒說她要寫父親的故事，家中的女人會去阻擋嗎？」[16]蕭教授一向善用學生對專題研究的疑問，進行重要的機會教育。由於一家的「官方發言人」往往是父親而不是母親，蕭教授得以證明「決定書寫自己母親的過往生命經驗，其實是一個非常政治的行動」：

它迫使研究者要去面對家庭當中的性別權力關係，自己的母親如何訴說這個婚姻，以及父母的婚姻關係在某種程度上要攤開在陽光下，接受為人子女的檢驗，因此，動搖了一個原本看起來穩定的家庭人際關係，每個家庭都有自己避諱的議題，訪談母親的生命極有可能觸動到某些敏感的議題，例如孩子從小看著父母親之間的感情關係，

> 早就發展出某種難以言說、不可言說的理解，當他／她們決定書寫自己的母親時，勢必要去處理這個微妙的議題。原本學生認為選擇母親作為報導人很方便，但是，她們也馬上就看見要去觸碰家中隱諱議題的困境。[17]

因此，蕭教授的學生從專題研究學到的寶貴經驗之一，就是知識生產的建構性。他們被迫正視以往對家庭的既有看法，思考母親的說法，重新評估家庭內互動關係的本質。最後這些未來的教師學會認識多重主體性的存在，認識權力與知識之間的關連，也看出關於家庭或其他社會事務的主流論述賴以建立的權力基礎，以及個人的主體性及定位（positionality）如何密切影響其對主流論述的觀感與理解。[18]這些體會都擁有深刻意義，不只刺激學生進行批判性思考，也讓學生爲日後的有效教學做好準備，幫助他們未來帶領自己的學生認識性別平等與社會正義議題。

蕭教授多年來持續和性別平等教育運動的盟友共同開發教材，提供給中小學教師及一般大眾。[19]她的許多盟友也同時投入二十五淑女墓整建運動。高雄女權會成員游美惠任教於國立高雄師範大學性別教育研究所，這份教職讓她身處性別平等教育的第一線，她強調性別史的物質性，並藉此拓展了性別平等運動的深度。接受我的訪問時，游教授根據她參與二十五淑女墓運動的經驗，強調文化景觀是宣傳性別平等有形且醒目的案例。對她來說，文化地標的實體存在提供了學生校外教學的機會，不論她現在的學生未來會不會成爲老師，這些學生不只能透過閱讀學習，還可以親眼觀看、親手碰觸，培養歷史意識和切身感，能夠幫助他們或其未來學生的學習更上一層樓。

蕭教授利用專題研究課程向學生灌輸具有性別意識的批判性思考，無獨有偶，游教授也利用「性別教育實習」課程的機會，讓學生實際設計性別平等課程教案。九年一貫課綱鼓勵教師不要將性別平等這類「重大議題」侷限於單一學科（如社會科或歷史科），而是要將議題融入多個相關領域（包括社會科、歷史科甚至課外活動）。「有點像『置入性行銷』。」游教授解釋。性別平等融入課程之中，無所不在，就像電視節目隨時讓產品亮相宣傳一樣。游教授很滿意自己想出的巧妙比喻，她接著說：「最重要的是教師要有性別敏感度。教師只要掌握這點，就不需要單獨開一門性別平等課程，教師可以將性別敏感度融入各種主題和概念的教學。」[20]

游教授強調，勞動女性紀念公園是完美的性別平等教育範例，因此也是性別教育課堂活動的理想實習地點。國中小教師可以按照不同級學校與不同年級學生的需求，輕鬆將紀念公園的不同面向融入課程規畫。勞動女性紀念公園集經濟、性別、文化習俗的因素於一地，內涵十分豐富。[21]背後的故事觸及台灣經濟史（如從農業轉變成製造業，及加工出口區內的勞工管理與工作條件）、政治議題（如政府機關在公共安全和危機管理中的角色），以及性別議題（如男孩女孩教育資源的今昔分配、男女勞動條件的差異與同工不同酬問題、以及針對未婚女鬼根深柢固的文化禁忌）。不論是四年級社會科課程教授的「地方史」、「家鄉民俗節慶」，或是六年級社會科課程涵蓋的「經濟發展」、「生產活動」，教師都能在勞動女性紀念公園案例找到相關內容，供學生上課討論。

游教授更進一步提到，戰爭與和平紀念公園同樣位在旗津三路上，就坐落在勞動女性紀念公園對面，地利之便進一步提升了兩地的教育價值。[22]旗津是受日本皇軍徵召的台灣士兵被派往太平洋戰區戰場前最後目送之地。就跟二十五名旗津渡船事故罹難女性的情況類似，台籍日本兵的歷史與複雜的認同形成也一直未受大眾注意，情況直到近年才改觀。[23]游教授將戰爭與和平紀念公園主題館與勞動女性紀念公園合稱爲「人權地景」，兩地都以實體展現台灣被遺忘的歷史，而且相距甚近，一次校外教學就可以同時輕鬆參觀兩地。帶隊的老師不只可以引導學生注意人們可能會成爲時代背景下政治經濟局勢的犧牲品，更重要的是，個人因爲性別、階級等社會類別不同，各被以特有方式捲入國家建構（state-building）或帝國建構（empire-building）的過程。

二〇〇五年的「性別主流化政策」要求所有政府機關的運作皆需納入性別平等考量，進一步推動了游教授及其盟友的性別平等教育運動主張。游教授不只擔任高雄市政府婦女權益促進委員會的專家顧問，她也常受邀至不同政府機關演講或辦工作坊。游教授解釋，公部門員工是否擁有性別敏感度，影響可能甚鉅。舉例來說，假如高雄市工務局的職員受過更多性別平等的培訓，高雄市政府可能會更快也更容易採納高雄女權會改造二十五淑女墓的提議。事實上，二〇〇四年高雄女權會發起二十五淑女墓運動時，一般人對「性別主流化」這個概念還很陌生。隔年性別主流化成為官方政策，這個詞登時成了政府機關琅琅上口的標語，公部門沒什麼意見就接受了性別平等議程。舉個具體的例子，女性主義者呼籲讓所有未婚女鬼都能回家，這個主張很快得到中小學教育工作者的共鳴，游教授指出中小學老師不忌諱向學生講述二十五名渡船事故罹難者的故事，也願意點出罹難者集體命運背後的性別意義。游教授進一步談到，傳統習俗之所以殘酷，不是因為遵循習俗的人不愛自己的女兒，而是因為他們認為除了遵循習俗以外別無選擇：「男尊女卑，男主內女主外……遵循習俗就等於要把女兒往外推。因此習俗改革主張的正是讓女兒回家，不管女兒過世時是離婚還是未婚之身。當我們這樣詮釋我們的改革運動時，總是深深觸動了大家的內心。」

喪葬禮儀改革運動

不論二十五淑女墓是否被公開點名為性別不平等的警世故事，還是名列女性主義運動的正面案例，塑造二十五名年輕女性生前及死後經歷的父系家族制度以及與之相關的文化價值觀始終是女性主義批評的核心對象，至今依然如此。過去幾十年來，台灣女性主義的司法積極主義（judicial activism）取得成就，性別相關法律也改革成功，立法面的成功似乎更加凸顯了處理性別偏見根源的迫切性：台灣要能夠達到性別平等，必須消除根深柢固的文化觀念，或使這些文化觀念隨著時代的變遷而現代化。游教授在之前章節結尾的一席話一方面說出了女性主義者的體會，一方面也說明了一般人為何普遍能夠接受文化習俗的改革。不過，理解台灣社會對於習俗改革的接受度時，也必須一併考慮時空背景。半世紀以前，旗津船難往生者父母的心情之所以備受煎熬，是因爲他們對父系祖先的堅定孝心和對女兒的愛互相衝突。今昔對比，游教授在五十年後的課堂和公開研討會上看到大家對二十五位罹難者寄予同情，既是因爲女性主義者努力有成，也是因爲社會快速變遷。

近年來，由於出生率穩定下降以及人口老化，社會結構與人口組成發生轉變，一般人開始質疑傳統父系制度下既有的習俗觀念與其延續已久的主流地位。台灣目前是全世界出生率前幾低的國家，每個家庭平均生育的孩子不到一個，不論是要照顧生者還是祭拜逝者，大家都無法再指望膝下有子承擔家庭責任。此外，台灣男性和女性的初婚年齡都延後到三十來歲，因此過去十年來，二十至五十歲的台灣人有超過百分之四十單身未婚。台灣離婚率在全世界也是名列前茅。[24] 故近年來，有許多女性過世時是離婚或未婚之身，其在天之靈沒有夫家可回、也無法回到自己的原生家庭。離婚和未婚的女性日益增加，她們必須另外找到死後安息之地，再加上新生男嬰日益減少，種種變化使父系制度下的傳統習俗不只顯得不近人情，也愈來愈缺乏社會結構支持。改變傳統文化習俗有實際迫切的需求。

政府相對成功的喪禮改革運動反映了這些變遷和顧慮。就像第四章討論的，在女性主義運動者推動下，二〇〇〇年代初，政府開始積極擔負起改革習俗的責任。二〇〇五年，內政部委託劉仲冬教授與陳惠馨教授進行研究，完成《我國婚喪儀式性別意識之檢討》。二〇〇九年，擔任大成至聖先師奉祀官的孔子第七十七代嫡長孫孔德成過世，為女性主義運動者推動改革提供了動能。大成至聖先師奉祀官負責在每年孔子誕辰舉行的現代祭孔大典上擔任主祭。在女性主義者努力不懈施壓之下，政府最後終於拋開千百年來的父系傳統，修改大成至聖先師奉祀官的繼承規定。根據修改後的《大成至聖先師孔子奉祀及紀念要點》，奉祀官仍然必須是孔姓。不過新要點規定，若無男性後裔可以承襲此職，女性後裔可以承襲之。儒家思想往往被認為是華人父系宗法倫理的源頭，因此這次修法實有重大象徵意義。與此同時，台灣的《祭祀公業條例》也著手進行修訂。祭祀公業是由父系親族組成的宗族團體，建立目的是管理早年宗族祖先建立的土地財產，以及舉行祭祖或土地產業衍生的祭祀活動。修改後的《祭祀公業條例》讓男性與女性子孫都能分享祭祀公業財產，也都有權利與責任參與祭祀公業活動。[25]

二〇一二年，內政部出版了《平等自主，愼終追遠：現代國民喪禮》，二〇一四年底又出版了《平等結合，互助包容：現代國民婚禮》，兩書的主旨都是「從性別不平等角度批判檢視過時的禮儀和儀式，以建立現代的詮釋與調整」。讓台灣公民在喪禮和婚禮等生命儀禮上有準則可循。這兩本書互相呼應，其核心宗旨不只是倡導性別平等，也支持多元文化與個人自主。[26] 如同《平等自主，愼終追遠》的〈序〉所說，千百年來，喪禮的主要功能始終是讓逝者從生者世界過渡到來世的樞紐。[27] 不過喪禮的進行方式與儀式內容也隨著時代變遷而演進。當代台灣社會面臨家庭結構與社交網絡變化、跨國婚姻興起、多元文化和性別平等意識抬頭，種種因素大力催生對於生前與死後人生的新認識，也因而帶動喪葬習俗的革新。

政府透過內政部出版的《平等自主，愼終追遠》，宣傳以「殯葬自主、性別平等、多元尊重」等思想作爲新時代喪禮的核心價值。[28] 實際落實方面則是喪禮應該按照逝者的意思進行，如果逝者沒有特別交代，或即使逝者希望遵循傳統喪葬習俗，家屬還是應該考慮到家裡的權力不平等，讓女性及晚輩等弱勢家庭成員有機會表達意見。如果逝者強烈希望用某種方式舉行喪禮，家屬應該尊重他們的願望，即使會被認爲是破壞傳統，也應該按逝者的意思安排喪禮。最後這點對LGBTQ社群特別重要，他們自身認定的性或性別，不符合二元性別體系中男女認同、表現、性傾向的傳統社會建構，但是二元性別體系卻會左右他們的喪禮安排。由此可見，殯葬自主和性別平等的原則呼應了性別平等教育運動所倡導的肯定性別與性向差異。

國家多方推動性別平等與習俗改革，不只包括內政部撰寫與修改國民禮儀指南文件（像是出版這兩本談喪禮和婚禮儀式的書籍）、教育部推廣及開發教材與舉辦師資培訓，還包括勞動部與內政部共同改革喪禮服務技術士證照考試。[29]劉仲冬、陳惠馨二〇〇五年的《我國婚喪儀式性別意識之檢討》特別指出殯葬業者的重要角色。家裡有人去世時，家人往往心慌意亂、六神無主，沒有精神關心喪禮細節，可能也不清楚喪葬習俗。不過他們非常希望正確遵循儀式，確保逝者來世的幸福。他們也擔心做錯事、違反禁忌或冒犯祖先，害怕損及在世家人的運勢或妨礙後代子孫的發展。家屬十分仰賴禮儀師的專業知識，由禮儀師引導家屬在悲傷心情中完成喪禮。於是禮儀師成爲關鍵人物，影響傳統喪葬信仰與習俗如何重複與再現，也影響喪葬信仰與習俗如何與時俱進，適應當代台灣社會的多樣化新需求。若有專業可靠的禮儀師向喪家保證，看似創新或非傳統的喪葬做法（例如由女兒執行傳統上兒子扮演的角色）不會冒犯祖先，是符合孝道之舉，喪家便可安心採行。禮儀師能夠將多元文化和性別平等的觀念注入重要的儀式習俗，處於推動改革的第一線巧妙位置。

鑑於禮儀師在結構上的重要地位，政府開始改革禮儀師認證體系，也透過證照考試直接介入禮儀師培訓過程。申請者若想取得禮儀師證書，必須通過喪禮服務技術士考試、修完二十學分以上的專業課程，還要有兩年以上的相關工作經驗。配合這波專業化改革，台灣共有十六所大專校院開始開辦相關學位和課程。同時，禮儀師證照考試題庫裡帶有父系偏見的問題（如重男輕女、男性子孫與女性子孫的內外之別）都遭到刪除或修改，反映政府提倡的新核心價值：「殯葬自主、性別平等、多元尊重」。舉例來說，舊題庫告示進行某些喪葬習俗時，如果逝者沒有兒子或孫子，正確做法是找姪子、姪孫等堂親來代替，關係跟逝者再遠都無所謂，即使逝者有女兒或孫女也一樣。新題庫則認為，兒子和女兒都應該列入考慮人選，可以執行過去只能由男性執行的儀式。與此類似，舊題庫的是非題「未婚女性亡故後，牌位奉祀只能放廟宇」，答案原本是「是」，新題庫將答案改為「非」；至於「訃聞中家屬排列順序應——」，這題答案從「男前女後」，改為「依排行不論性別」。[30]

新時代喪禮的實踐與挑戰

性別平等提倡者樂見這些變化，同時也好奇國家的干預如何影響喪葬儀式或殯葬服務的實際情況，還有國家的干預是否只是紙上談兵。但令他們高興的是，儘管改革的長期影響還有待觀察，國家背書的新喪禮指南顯然已經開始塑造新一代禮儀師的培訓養成。這套指南或多或少也能幫助經驗老到的殯葬業者，讓他們知道如何滿足客戶的新需求、如何因應社會變遷帶來的新挑戰。

程先生是三十出頭的禮儀師，他擁有在台灣生死學專業領域裡、數一數二大學的碩士學位。在我與程先生的訪談中，我問他，他認爲喪禮的根本功能是什麼，他以一句家喻戶曉的成語作爲回答：「慎終追遠。」對程先生而言，慎終追遠的精神表現在喪禮的最後一道儀式「對年合爐」。也就是往生者一周年忌日時，把往生者香爐裡的香灰併入祖先祭壇的香灰，將往生者的靈魂正式併入祖先牌位；在此之前，往生者與家族其他祖先是分開祭拜的。程先生堅持往生者香爐裡的香灰具有重要意義，這表示往生者去世以後受到子孫孝順祭拜。沒有孝順的子孫，往生者無以成爲祖先，也就沒有祭拜祖先的必要可言。程先生認爲，喪禮的核心功能之一是明確展現家族的延續，他身爲禮儀師的責任就是確保喪禮順利進行，讓逝者和生者都能獲得安寧。

儘管如此，身爲新一代禮儀師的一分子、接受過生死學與喪葬儀式的正規教育，程先生也強調改變傳統喪禮儀式以應對新挑戰的重要。他並未主動推動政府宣傳的性別平等、多元尊重，不過喪家若是向他提問，或是向他尋求另類喪葬儀式的建議，他也樂於提供符合新觀念的選項。不論來自逝者或生者，他歡迎客戶提出不尋常的要求，也享用創意做法達成客戶願望的成就感。他接過一個工作，是爲一位在攝影界小有名氣的往生者安排喪禮。往生者的家人和好友希望能在喪禮上展出往生者的攝影作品。「這在傳統殯儀館辦不到，殯儀館有既定喪禮流程要跑，也沒有空間另外做布置；但我的客戶已經準備好接受非傳統的安排。」程先生說。最後程先生找到一間咖啡廳，老闆願意出租一天場地。他用過世者的攝影作品裝飾咖啡廳，把喪家和悼念親友都領到咖啡廳，用個性化方式而非傳統喪葬習俗紀念往生者。

程先生在臉書經營粉絲專頁，在粉專轉貼喪禮相關新聞，分享工作經驗，有空時也會開一些主題讓追蹤者線上討論，臉書是他和所見略同的殯葬同業分享想法和創意的主要管道，他也在粉專上介紹過二十五淑女墓。事實上，程先生甚至還主動提議，願意讓我透過他的粉專向他的粉絲們徵求故事，分享他們如何處理無婚姻女性的喪禮。他和客戶應對時基本上不會主動提議創新做法，他表示改變要一步一步來，大家準備好以前，不能把想法硬塞給他們。他現在的客戶大部分生於一九五〇、六〇年代，悼念生於一九三〇、四〇年代的父母。即使現在的客戶已經開始思考傳統喪葬習俗是否不合時宜，但是出於對往生者的尊重，他們往往還是選擇遵循傳統，畢竟往生者可能抱持舊時代的生死觀——又或更常見的原因是，他們迫於家族長輩或與往生者同輩的親戚壓力而不得不遵循傳統。等輪到一九七〇、八〇年代出生的人（也就是他這一代）幫一九五〇、六〇年代出生的人辦喪事，大家會更容易接受放在舊時代不被接受甚至超乎想像的各種新做法。等換千禧世代當家做主的時候，天曉得大家還會記得多少傳統習俗，遑論照做了？

郭女士是出生於一九六〇年代初的喪禮改革倡議者，她也認同改變要一步一步來。無獨有偶，郭女士也畢業自程先生就讀的大學，同樣擁有生死學碩士學位。不過與程先生不同，她不是職業禮儀師，她的主要身分是倡議者和公共教育者，這些角色讓她有傳播性別平等思想的自由與權威。政府出版的現代喪禮、現代婚禮這兩本書，是郭女士投入婚喪禮儀改革的起點，她是兩本書的幕後推手之一，此後更全心推動性別平等與習俗改革。她和地方政府合作，舉辦公開講座，也爲殯葬業者開設培訓課程。她是「台灣殯喪業資訊網」的總編輯，同時還經營「台灣死亡咖啡館」，這是向政府申請補助支持的公共論壇，在鄰里社區中心等公共場所舉辦，專門討論死亡相關議題。自二〇〇四年「死亡咖啡館」成立以來，郭女士已經舉辦了三、四百場公開研討會和分享活動，參加人數破萬，讓死亡這個禁忌話題成爲公衆焦點，幫助不認識的人坦然討論死亡相關話題。我們固然可以說會來參加死亡咖啡館活動的人已經先經過自我篩選，他們對傳統生死觀的信心本來就已開始動搖，不論如何，「死亡咖啡館」這類公共活動日益增加，仍然印證了台灣社會的新興需求。

不過郭女士也指出，儘管喪禮改革已經開始出現成效，改變仍十分緩慢。即使年輕的殯葬業者清楚性別平等十分重要，也未必會主動向客戶提起。他們往往只在客戶沒有兒子或孫子等直系男性子孫的情況下，才會提供替代喪葬做法。因此改變必須從業界和民間雙管齊下。訪談郭女士時，她向我介紹自製的《穿越時空》桌遊，她用這套遊戲引導「死亡咖啡館」的參與者批判檢視關於死亡儀式的傳統觀念。[31]

郭女士的桌遊運用了「穿越時空」的比喻，她的解釋是，這是因爲「穿越時空之後，傳統習俗的意義可能會截然不同，過去不成問題的事情現在可能是確確實實的大問題」。舉例來說，長久以來未婚或離婚女兒身後不能入原生家庭祖先牌位（家祠），蘊含的是「女性的命運與夫家相連」的父系觀念。但是這種習俗同時也建立在另一個認知上，即（異性）婚姻是所有女性的最終歸宿，但這樣的觀念已經與當代台灣社會日益脫節。就在接受我訪談的前一天，郭女士爲一群老人家辦了一場「死亡咖啡館」。她告訴我：「在咖啡館現場，這裡、那裡，到處都有阿公阿嬤說自己認識誰誰誰的女兒離婚或未婚。」大家都注意到未婚女性的人口比例呈倍數成長，也預見這些女性若死後靈魂缺乏歸宿，安置問題將引發危機。接著，郭女士就用《穿越時空》桌遊，邀請咖啡館參與者集思廣益，爲他們關心的問題想出解決辦法。「這就是在對話中開始引入性別平等選項的關鍵時刻。」她說。

儘管如此，不是人人都準備好接受用新觀念解決新挑戰。在死亡咖啡館，郭女士常常看到參與者對跳脫傳統的做法裹足不前，依然想選擇傳統方式。即使咖啡館參與者體認到某項古老習俗或儀式已經不合時宜，往往還是抗拒改變，畢竟「大家以前都是這樣過來的」。郭女士解釋：「這不表示大家不了解眼前所發現問題的嚴重性，大家只是不確定跳脫傳統會面臨什麼後果。即使死亡咖啡館的參與者可以敞開心胸接受新做法，天曉得祖先對於新做法會做何反應？也因此他們可能會持續面臨身邊親友的壓力，尤其會有長輩親戚擔心可能引起祖先責怪。」

爲了進一步鼓勵對改變遲疑的參與者正視帶有歧視的死亡觀念與儀式，郭女士常常要求參與者交換性別角色。「我常常聽到死亡咖啡館參與者說：『喔，男人很少注意這些事情，只有女人才關心。』對，大家一交換性別角色，立刻就能清楚看到傳統習俗和儀式如何歧視女性。難怪女性會更注意傳統習俗，而男性當然不以爲意，因爲他們無須在意。」我們可以說，《穿越時空》桌遊鼓勵死亡咖啡館的參與者運用理性，思考傳統習俗是否適用於現代時空；另一方面，互換性別角色則強迫大家正視台灣親屬制度蘊含的性別不平等，同時也是「動之以情」的說服策略。正如郭女士說明的：「我提倡的理念是要讓每個人都得到體面尊嚴的待遇，不論死後或生前。問問大家如果永世無家可歸，一如無婚姻女性逝者面臨的遭遇，自己會有什麼感覺。只要這麼一問，就不用再多說什麼，大家立刻就能領會。」

女工的來世

程先生和郭女士採取不同策略，幫助他們服務的對象適應不斷變化的死亡環境，兩人的選擇反映了自身與殯葬服務業的不同關係。兩人都熟悉二十五淑女墓背後的故事，不過他們都沒有在訪談中對二十五淑女墓轉型勞動女性紀念公園直接發表意見。儘管程先生和郭女士做法不同，但兩人有志一同認爲喪葬習俗必須改革。他們都用自己的方式引導改變的方向，走向減少歧視、更加包容的未來，不只迎向傳統二元意義的男女平等，更是包括所有性傾向與所有性別的性別平等。借一句郭女士在訪談時多次重提的話：「我們的任務是教好下一代！」

性別平等教育運動也同樣蘊含了展望未來的決心，畢竟性別平等教育運動本質上就是不停努力教育下一代的運動。性別平等教育與喪葬習俗改革，表面上看來與二十五淑女墓轉型成勞動女性紀念公園的關連不大，畢竟性別平等教育和喪葬習俗改革都還是現在進行式，勞動女性紀念公園的建立卻是一項已完成的工程。不過深究根本原因，可以看到這些都是社會文化轉型大趨勢的一環，由台灣女性主義者合力推動。除此之外，幾個看似獨立的事件結合在一起創造出加乘效應，超過任一事件單獨能造成的影響。二十五淑女墓改建成勞動女性紀念公園，恰恰印證了性別平等和喪禮改革的迫切需要，也爲性別平等教育提供了良好案例。將二十五淑女墓加入喪禮改革的討論中，或是將整建後的紀念公園納入性別平等教育課程，都能幫助紀念公園從靜態的紀念場所，昇華成主動的知識生產場所。

本章將焦點放在二十五淑女墓對於教育與文化習俗改革領域長遠的重要地位與不停演變的意義。在此，台灣女性主義學者和地方社會運動者的聲音十分突出，他們的影響力在政府政策的框架下也清晰可見。不過他們對渡船事故罹難者的世俗看法絕對不是唯一一種詮釋。第六章曾提到，勞動女性紀念公園一地承載了多軌並行的紀念之道，逝去的二十五名女性仍在民間宗教的世界裡延續生命。家屬樂於講述這些女性的故事，只不過家屬沒有一個制度化、且對他們的困境寄予同情的公共政策管道為之發聲，因此家屬的聲音不像女性主義者那麼清楚易聞。

但重要的是，如同二十五淑女墓對於教育與文化習俗改革領域不斷演變的意義，二十五位女性陸續裝了金身後，其中幾位的神格化也是持續演變的過程。最有名的就是一妙菩薩的例子，她是二十五人當中年紀最大的一位，多年來她在天界的地位不斷上升，獲封更顯赫的新頭銜。在旗津以做糕餅聞名的葉師傅，他在船難中喪生的兩個妹妹也是持續的修道、救世，在天庭的地位也持續進階。我們二〇一三年前往訪問葉家，就在我們到訪前不久，兩個往生的妹妹告訴兄姊，同時也是她們的信徒，自己已經升上仙姑，要兄姊舉行晉升後的必要儀式。家人盡心盡力完成了妹妹的要求。有次我和唐文慧教授去葉家拜訪時，葉師傅的太太熱心說明，她的兩位仙姑小姑因為善行眾多，又升上了更崇高的神仙地位（葉太太沒有具體說明是什麼善行）。她鼓勵我們向仙姑祈禱，說仙姑很靈驗，會用神力實現我們的願望。

二〇〇八年二十五淑女墓再次改建時，不少家屬曾提議將其改建成十八王公廟之類的廟宇，葉太太也是大力支持者之一。提出佛教蓮花雕塑構想的黃先生也有類似想法，他告訴我們，逝去的妹妹目前正和其他神明合作，在黃家舊宅改建的私人神壇幫助信徒解決問題。黃先生認爲，將淑女墓改建成公園這樣具有現代設計與現代功能的公共設施，是「跟上時代」的必要之舉。然而二十五名女性既已位列仙班，他本來也希望能將墓地改造成廟宇。他眞心認爲，運用自己和當地政治人物培養的良好關係，建造廟宇的目標不日就能實現。對他來說，公園不是目的，而是必要的讓步，它只是往建造廟宇的最終目標邁出一步而已。

歸根究柢，不管是社會運動浪潮中不停演變的紀念過程的一部分，還是民間文化和宗教世界的一部分，二十五淑女墓與長眠其中的女性最終走向了全新的來世。

結語　未來的現在、未來的過去

女鬼的確做到女人所做不到的。

——李昂，《看得見的鬼》[1]

本書的研究計畫常被朋友和同事暱稱爲「鬧鬼」計畫，我在發表「鬧鬼」計畫的研究成果時，最常被問到的一個問題是：「爲什麼偏偏是現在？」二〇〇八年高雄市政府動工興建勞動女性紀念公園，這時渡船事故罹難者已經過世三十多年，也在旗津三路上的二十五淑女墓靜靜長眠了二十年之久。爲什麼經過這麼多年，還要挖出逝者的遺骨，徹底改造她們的安息之地？我也常被問到另一個問題：假如渡船事故罹難者不是清一色未婚女性，一開始還會不會有合葬墓，之後還會不會出現本書訴說的整建故事。有些人的問題更尖銳，他們直問這二十五名女性的生與死到底有多重要？它眞的是這樣一件值得用學術書籍來探討的事情？當然，所有學術計畫都沒有非其不可的存在，它必然蘊含一定的隨機性。假如我不是剛好在研究高雄城市的變化，或是假如我沒有和在中山大學社會學系任教的唐教授展開那次關鍵對話，我就不會知道二十五淑女墓的存在，也不會知道努力推動淑女墓改建的地方女性主義運動。至於我個人，就跟我在旗津訪問的報導人一樣，我對鬼魂既好奇又敬畏。

撇開機緣巧合不談，我之所以選擇以旗津二十五淑女墓作爲研究焦點，是因爲鬼魂在台灣民間的文化想像與社會實踐中意義重大。近年來，死亡與「鬧鬼」重新成爲人類學研究的重點領域，探討議題早已超越了早年喪葬儀式等傳統焦點，而是更深入地探究喪葬習俗與哀悼追思，也同時思考其與當代社會種族、性別、權力、暴力、現代性、科學技術權威等一系列廣泛議題之間的互動。[2]淑女墓的這二十五名女性意義重大，透過她們生前死後的遭遇，我們看到了台灣傳統文化價值的韌性與父系家族制度的影響力，也看到了在普世多變的城市與全球經濟中，親屬制度與資本主義積累及超自然信仰體系的連結。

台灣漢人與逝者之間本質上是交流的關係。二十五名女性喚出了鬼魂的視角、空間性及時間性，與周遭生者世界的視角、空間性及時間性共生共存、碰撞、或重疊。要回答爲何（渡船事故罹難者會合葬）、何時（遷葬）以及如何（改建合葬墓及改造墓地意象）等問題，我們一方面必須理解在面對親人死亡時，喪葬習俗所具有的維繫社會延續之重要性，另一方面我們也必須思考，重大政治經濟變遷如何帶動社會和宇宙秩序重整的未來展望。二十五淑女墓的改造恰恰催化了這種秩序重整，過程展現了生者與逝者的社會連結，激發了生命與死亡意義等生死觀大哉問，究其根本，也激發了讓橫死擁有正面意義的討論與實踐。

鬼魂的視角

李昂在小說《看得見的鬼》的後記中指出，女鬼做到的事的確比女人更多。[3] 李昂在現代主義脈絡下頌揚女鬼超越生命的解放、能動性與力量，她的小說訴說了台灣清領時期（一六八三—一八九五年）幾位女性的故事，她們蒙冤而死，化爲渴望復仇的鬼魂，但在復仇的過程中，都學到了成長的教訓，學會超越自我的存在。一名被賣爲妓的原住民婦女遭到漢人官員虐殺，全身被裹在厚厚鹽層之下，死後也無法逃脫，直到幾百年過後，一場暴風雨沖去鹽層，女鬼才學會放下對自己扭曲身體的執著，淋漓盡致痛快跳舞，終於擺脫了幾百年來的羞辱和壓抑，成功實現獨立的願望。一位富裕人家出身、知書達禮的千金小姐，因爲一場牽扯到她的才華的意外而蒙受誹謗，最後選擇自殺。她的鬼魂被擋在（父系）宗祠之外、家人棄之不顧，她卻發現自己的鬼魂之身不再受到小腳束縛，不只行動自如，還能參觀父親宅邸裡從小禁止她進入的地方，家人拒她於門外，卻反而矛盾地讓她發現新天地。一位賢慧能幹的婦女遭到富商丈夫謀殺，丈夫下手後遁逃到中國，但她無法渡過台灣海峽復仇，後來一位風水大師幫助她跨越險阻，她了結了殺人兇手丈夫的性命，也愛上獨自旅行，爲自己踏上旅程。每位女性都以自己的方式重獲自由，終於過上自由自在的生活。原來死亡讓鬼魂得以「踰越」，踏入新領域、體驗新事物。[4]

在李昂的寓言式小說裡，死亡不是精神成長的終點，而是啟蒙的起點。[5]幾位女鬼主角全都蛻變成強大的行動者，獨立思考、自主行動。不過在人類學的敘述裡，鬼魂往往壓抑又低調。鬼魂主動和生者接觸時，祂們雖然在場，卻又不太有**存在感**。祂們像在演出默劇，拋出暗示讓生者覺察、解讀。不過低調不等於被動，沉默也不代表無能爲力。不論是從象徵意義還是民族誌角度來看，現代性都是尚未完成、持續進行的工程，李昂鬼故事裡一再回歸的父權制幽靈[6]以及非常重視父系親屬關係與民間宗教的旗津傳統社區都印證了這點。就跟李昂筆下看得見的鬼一樣，旗津渡船事故罹難者生前與死後的經歷也都受到父系家族制度的制約，儘管這些年輕的罹難者看起來也許不像小說中的女鬼那麼堅強有主見，但是她們的無聲卻發出了有力的吶喊。

身爲乖巧孝順的女兒，她們自然而然成爲台灣快速發展的製造業的模範工人，也是家庭的主要收入來源，因此她們來不及好好活過的短暫人生讓父母悲痛不已，她們死後無家可歸的狀態也讓地方的女性主義者義憤不平、發起社會運動。她們的故事生動展現出社會對逝者的普遍焦慮與對特定逝者的關懷之間的社會張力，也凸顯情緒如何深深影響悼念逝者的方式。二十五名女性將失落、剝奪、遺憾、悔恨、不公不義等情感與經歷注入紀念館、紀念碑和日常生活的語彙之中，這些複雜的情感和經歷構成了她們能動性的來源。她們生前乖巧，死後又默然承受不得入家門的命運，這些成爲她們最終得以顚覆秩序的強大力量。

鬼魂的空間性

地方、空間或地理，作爲歷史與文化的建構形式，可以被視爲一種特定的實踐方式，透過對土地的使用方式，來編排、結構化並賦予外在世界意義。二十五淑女墓坐落在都市地理的關鍵位置，從後工業城市經濟的角度來看，不難理解爲什麼高雄市必須驅逐此地的鬼魅氣氛，用明亮潔淨的現代外觀加以重建。閱讀整修後勞動女性紀念公園的蓮花雕塑上鐫刻的碑文，可以看到高雄市政府將渡船事故罹難者描繪成因公殉職的偉大勞工，市政府此舉通常被認爲是想爲二十五名女性的人生故事賦予更廣的脈絡及更深刻的公共意義。不過換個角度，也可以說高雄市政府有意藉她們的故事發展城市觀光。二十五名年輕女性在上班途中不幸喪生，不論如何，還有什麼比這更適合象徵高雄過去作爲藍領工人階級城市的浪漫與哀愁？

高雄進行的這類地方創生，主要是與世俗化相關的空間秩序重整，方便用現代理性的設計取代傳統或宗教的觀念與做法。不過把原本的墓地當成紀念場所，也就等於承認翻修後的新景觀之下，還有一層舊地景揮之不去，即使只殘存於記憶中。徵用墓地用於特定的文化和美學表現，在製造新意義和人鬼相遇新模式的同時，也造成了重新召喚幽靈的矛盾效果。二十五淑女墓的案例中，問題的核心在於，高雄市政府的行政權力究竟為逝者喚回什麼樣的社會生命？

靈驗與否也許是天界秩序的內在判準，鬼魂這類低等靈體若是靈驗，就能升上更高的天界位階；不過也有前例顯示，顯赫與否姑且不論，神祇的地位也能透過外力介入獲得。媽祖就是一例，祂從地方崇拜的小神明升為天后之尊，受到廣大信徒崇拜，這些發展恰與清廷對華南沿海地區日益穩固的統治同時發生。[7]更近代的例子則有冷戰期間的王玉蘭，她的遺體被沖上戰地金門島的海岸，一名軍人發現後將其埋葬，國民黨政府軍方聲稱王玉蘭是遭到死對頭中國共產黨的毒手。後來王玉蘭被塑造成反共烈女，金門戰地政府支持王玉蘭的崇拜，奉之為反共象徵。[8]這兩個例子都反映出宗教與政治的密切關係，以及國家統治者封人為神的權力。至於國家支持的信仰崇拜是否或如何被地方社群接受，或是要面對意義或詮釋之爭，這些重要問題當然又是另一回事了。

二十五淑女墓改建成勞動女性紀念公園也帶來類似效果，這倒不是因為女鬼因此升格成崇高的女神，而是紀念公園讓逝者在公共空間取得具體的一席之地，也成為公眾意識中會思考論及的對象。一開始只是坐落在旗津偏僻角落的不起眼墓地，第二代墓地遷至旗津幹道旁，立起醒目的牌坊，第三代、也是最後一次改建的墓地，拆除了二十五座墳墓，建造含苞待放的蓮花雕塑，再刻上精心雕琢的墓誌銘。二十五淑女墓多年經歷的遷葬與整建，就是國家主導下讓橫死擁有正面意義的過程，個別家庭的悲傷哀悼自此昇華爲社會大衆的追思紀念。年輕的渡船事故罹難者就此永垂不朽，神化成國家英雌。

鬼魂的時間性

就跟空間配置一樣，時間性也是記憶的固有屬性。除了上文談到的空間性，二十五淑女墓的轉型也展現了與這起悲劇連結的時間性的轉變，從家族繁衍、代代相傳的循環時間（由生老病死的生命週期隱喻所主掌），轉向國家歷史與進步的線性時間（往往由經濟擴張代表）。儘管整建二十五淑女墓是從現代性的本意出發、奠基於世俗化的本質，但逝者家屬仍然願意接受，家屬將整建視爲政治權威的展現，有神化女兒的效果。這一部分是因爲靈界擁有自己的時間觀，獨立於國家的政治經濟時間和私人家庭的家系世代時間之外。生者不論壽命多長，必有一天會與世長辭，成爲來世的居民；逝者和生者不同，一旦完成由生至死的轉變，就會永遠活下去。

於是，我們可以說逝者很強大。但逝者同時也很脆弱，他們需要生者的祭祀，不論祭祀之舉來自家人還是外人，難以安息的靈魂可能會引起陽世間解決不了的麻煩。渡船事故罹難者的父母從一開始就面臨兩難：他們一方面始終煩惱女兒的死後福祉——女兒原本應該婚配良人，過著幸福美滿的生活，現在卻不幸橫死早夭；另一方面，傳統價值觀不允許女性子孫的牌位進入父系祖先的宗祠。隨著父母年事漸高、生命愈來愈接近終點，他們的煩惱也日益沉重，促使他們尋求（或接受）家庭以外的幫助。他們的女兒當然是任勞任怨的孝順孩子——這點他們從來無需旁人提醒——他們當然也樂見社會認可女兒的美德。但這不是重點。他們最終心心念念的是某種保證，確保女兒在天之靈會永遠有人固定祭拜，特別是在這些父母去世之後。

我跟唐文慧教授從我們與林先生的互動中深切體會到這點。林先生是旗津區公所負責和罹難者家屬溝通的聯絡人，也許他認爲我們和高雄市政府有特別的關係，有一天他來找我們，滿臉期待地希望我們能向罹難者父母重申市政府的承諾：在整建二十五淑女墓之前，爲了取得逝者家屬的配合，市政府承諾每年清明節在勞動女性紀念公園的蓮花雕像前舉辦春祭，以及在罹難者忌日當天舉辦秋祭。我們自認無法代市政府發言，不過唐教授保證，她至少會在來年春天和學生一起舉行一次祭祀。林先生聽後露出了失望的表情，唐教授的承諾顯然不能帶給林先生和家屬想要的保障。他們希望聽到的是政府的堅定承諾。

認識鬼魂的時間性幫助我們了解超自然的存在與力量擁有持續成長的潛力，這樣的能力既見諸李昂筆下的鬼魂角色（她們學會探索新事物或新領域），也見諸二十五名逝去女性持續神化的過程。體認記憶的多重時間性，幫助我們清楚勾勒出這些女性扮演的角色，她們形成各種紀念方式的條件與基礎。認識多重時間性有助我們把紀念碑或紀念公園這樣一個固定的存在，視為變動的過程，而非不動的物件，我們可以透過紀念碑觀察不斷變化的動態，看見某些紀念方式歷時不衰，某些紀念方式則漸趨式微。

面向未來的紀念

紀念之舉不是自足完滿的迴圈，紀念之舉建立在與相關社會過程的交織糾纏上。從共時性角度來看，以公共儀式或社區活動形式進行的紀念，既源自同時存在的各種歷史詮釋，也促成各種歷史詮釋的誕生，參與者的多樣身分造就了紀念的複雜層次。從歷時性角度來看，紀念之舉和多變記憶安排之間的動態關係反映了記憶本身的交織糾纏。記憶、物質性、時間三者似乎在所謂紀念碑、紀念館、遺址等新興空間交會。「歷史」或「記憶」不是遺址或事件的單純產物或表現，記憶的空間（或收錄在空間裡的記憶）也並非過去的見證。記憶的空間永遠與自身的時間脈絡密不可分——記憶的空間無法脫離「現在」。當一群人、一個社區、或一個團體、機構或組織，考慮到現在社會、文化、政治或經濟的需求，而回憶、再詮釋、再評估過去的意義時，他們也就持續且主動地協商、再造或再調整了「歷史」或「記憶」。我們對過去的看法取決於我們和現在的關係——或者換個說法，過去是被我們當前提出的問題所喚起、啟動的。

紀念之舉賦予的文化意義本質上必然不穩定。文化意義是由現在的願望和期許所塑造，然後利用與過去的連結得到正當地位與認可。文化意義透過實踐而實現。就這個角度來說，紀念讓記憶具體化，紀念館或遺址則構成紀念的儀式空間，兩者運作起來相輔相成，互爲肱股，儘管互補方式沒有一定非其不可的模式可循。高雄市整建勞動女性紀念公園，這類遺址可以激起記憶和行動，但絕不可能期待遺址帶來意料中的回應。遺址反而可以看成是對話的途徑，由此探詢其定位形塑之內與之外的內涵。

於是，遺址與衍生的紀念活動是在調解面對變化的認知與焦慮，它象徵著一種思考與實踐的方式，不僅關注於「過去發生了什麼」或「我們曾達成了什麼」這類關於過去的提問，也延伸至「當下正在發生什麼」以及「我們應該爲現在與未來做些什麼」這類面向現在與未來的思索。

高中六號，1971 年。圖片來源：葉清良拍攝。

國家圖書館出版品預行編目(CIP)資料

女工之死/李安如著；林紋沛譯.
-- 初版. -- 新北市：左岸文化出版：遠足文化事業股份有限公司發行，2025.05
280面；14.8x21公分.
-- (左岸人類學；391)
ISBN 978-626-7462-52-2(平裝)

1. 女性勞動者 2. 勞工權利 3. 女性主義
4. 意外事故 5. 高雄市旗津區

556.54 114005262

左岸｜人類學 391

女工之死

後工業時代，一則關於鬧鬼和空間記憶的人類學敘事

Haunted Modernities: Gender, Memory, and Placemaking in Postindustrial Taiwan

作　　者　李安如 Anru Lee
譯　　者　林紋沛

總 編 輯　黃秀如
責任編輯　孫德齡
編輯助理　蔡翔宇
企畫行銷　蔡竣宇
封面設計　楊啟巽
地圖繪製　EDO
內文排版　宸遠彩藝

出　　版　左岸文化／左岸文化事業有限公司
發　　行　遠足文化事業股份有限公司（讀書共和國出版集團）
　　　　　231新北市新店區民權路108-2號9樓
電　　話　（02）2218-1417
傳　　真　（02）2218-8057
客服專線　0800-221-029
E-Mail　rivegauche2002@gmail.com
左岸臉書　https://www.facebook.com/RiveGauchePublishingHouse/
團購專線　讀書共和國業務部　02-22181417分機1124

法律顧問　華洋法律事務所　蘇文生律師
印　　刷　成陽印刷股份有限公司
初　　版　2025年5月
定　　價　450元
I S B N　978-626-7462-52-2（平裝）
　　　　　978-626-7462-53-9（EPUB）
　　　　　978-626-7462-54-6（PDF）

註釋 Notes

前言　經過媒介的記憶、人人爭奪的空間

1 Walter Benjamin, "On the Concept of History".
2 Anru Lee 2008, 2009.
3 Nora 1989.
4 Harvey 1978.
5 Smith 2006, 75.
6 High 2013.
7 Blanco and Peeren 2013b; Derrida 1994.

第一章　女工之死

1 女權會的關懷重點與高雄許多婦女團體形成鮮明對比，後者比較少把精力放在挑戰父權社會結構，主要任務是讓女性能夠取得更多社會服務，像是諮商、自立自助、讀書會、各種成人教育課程等等。
2 Anru Lee 2004.
3 Arthur P.Wolf 1978；也可參考Feuchtwang 1974, Weller 1985.
4 Margery Wolf 1960, 1972.
5 Francis L. K. Hsu 1971; Wolf and Huang 1980.
6 Harrell 1986.
7 Gordillo 2014; Mah 2012; Stoler 2013.
8 Edensor 2005b, 4.
9 Sola-Morales 1995, 120.
10 Hell and Schönle 2010, 5.
11 DeSilvey and Edensor 2013, 3.
12 Mah 2014.

13 Mah 2010; Smith, Shackel, and Campbell 2011; Strangleman 2019; Strangleman, Rhodes, and Linkon 2013; Taska 2003.

14 Klubock and Fontes 2009.

15 Taska 2009.

16 Boyer 2000, 30–35, 51.

17 Zukin 1991, 59–60.

18 High and Lewis 2007; Linkon and Russo 2002; Rhodes 2013.

19 參見Stanton 2006.

20 Alexander and Mohanty 1997, 2010; Grewal and Kaplan 1994; Narayan 2013.

21 Dubrow 2003.

22 Miller 1992, 2003.

23 Livingston 2004; Wright 1999, 2007.

24 Lynch 2007.

25 Belair-Gagnon, Mishra, and Agur 2014.

26 Luger 2009, 73.

27 Leach 2011, 191.

28 Bold, Knowles, and Leach 2002, 127–128.

29 Bold, Knowles, and Leach 2002, 142.

30 Simon and Rosenberg 2005, 69, 70.

31 Rosenberg 2003, 14–15.

32 Simon and Rosenberg 2005, 70–71.

33 Parkins 2014.

34 Verdery 1999.

35 Mueggler 1999.

36 這裡我採用人類學家桑高仁（P. Steven Sangren）的文化概念，將文化視為「欲望的生產方式」（2017）。桑高仁指出，文化是「制度化的幻想」（instituted fantasy）——也就是「**想像**的情境、敘事或社會體制，指出**人們可能希望世事如何運作**」（2013, 282；強調為原文所加）。文化既然是制度化的幻想，故自然也是「欲望的生產方式」。除此之外，欲望不只是文化脈動下的產物，欲望同時也生產了「文化」及其組成制度（例如家庭）。人類本質上是社會性生物，人的自我受到社會世界的中介。人的自我認

同感與人格取決於「他人給予的肯定，自我反思與評估對他人造成的效力」(Weiner 1999, 246)。人在組織社會關係時努力打造心目中的理想世界——也就是讓幻想成真。因此欲望是社會生活的產物，但欲望也驅動、造就了社會行動。想到自己有可能無法執行這些行動，會引發一連串焦慮。故欲望擁有文化形態，不過欲望也是容納文化形態的方式，其形態受到人的反思塑造，常常因為人無力實現欲望而扭曲。欲望既是文化經驗的湧現效應(emergent effect)，也是社會生活的塑造力量，用這種方式理解欲望，可以清楚看見文化與個人相互構成的關係(Sangren 2017, 170)。欲望意味著能動性。

不過欲望的故事還有另一面。社會體制或集體制度對個人的願望施加了限制，畢竟人在設法實現自己的欲望時，也必然要與他人的欲望共存。為了遵循共同的文化形式，人們感受到挫折、幻滅、欲望落空——或是借用佛洛伊德的說法，人們感到「不滿足」——這是社會運作下的固有狀態（Sangren 2017, 68）。所以人們自然也面臨種種情境，需要減少焦慮、控制怒氣、管理痛苦、不放棄愛、處理失落——人類的情感面也會反過來塑造他們的公共生活參與（Gammeltoft and Segal 2016, 406）。欲望化身為個人的能動性，於是在人們試圖減低標準期待與日常經驗的落差時，也能看見欲望的存在（Sangren 2012, 125）。

37 Lincoln and Lincoln 2015.

38 Blanco and Peeren 2013a, 16.

39 Derrida 1994.

40 Gordon 2008, 63.

41 Benjamin 2003.

42 Kilroy-Marac 2014, 257.

43 Weinstock 2004, 7.

44 Blanco and Peeren 2013c, 93.

45 Buyandelger 2013; Gustafsson 2009; Seong Nae Kim 1989, 2000; Klima 2002; Mueggler 2001, 2017; Weller 1985.

46 Lin 2018; Weller 1985, 2000.

47 Kwon 2006, 2008.

48 Swyngedouw 1997.

49 Brenner and Theodore 2002, 367.
50 Smith 1984, 1996.
51 Jones 1998.
52 Fitz-Henry 2011, 326.
53 Briggs 2004, 175.
54 Langford 2013.
55 Hatfield 2011, 78.

第二章　舉足輕重的小人物

1 章首引言。陳芬蘭主唱，1958，〈孤女的願望〉，葉俊麟作詞，米山正夫作曲。
2 張夢瑞2001。
3 引自郭石城2008。
4 引自郭石城2008。
5 Simon and Eppert 1997, 186.
6 Katz 1993, 94.
7 Byrne 2002, 280.
8 Gordon 2008, 198, 199；句中強調處為原文所加。
9 Byrne 2002, 286.
10 Marston 2000, 234.
11 Arrigo 1980; Diamond 1979; Kung 1994.
12 Mills 2003.
13 Harvey 1989.
14 Cairoli 2012; Ching Kwan Lee 1998; Pun 2005; Salzinger 2003.
15 Fernandez-Kelly 1983; Seung-kyung Kim 1997; Ong 1987.
16 Salaff 1995.
17 Gereffi and Pan 1994.
18 Hefner 1998.
19 Cohen 1976; Harrell 1985; Niehoff 1987; Stites 1982, 1985.
20 Gallin 1984; Greenhalgh 1994.

21 Shieh 1993.

22 Anru Lee 2004, 23.

23 Minns 2001.

24 Minns and Tierney 2003.

25 Hwa-Jen Liu 2015.

26 Gallin 1990.

27 Gates 1979.

28 Anru Lee 2008, 2009.

29 這麼說不是要貶低台灣勞工運動得來不易的成果。本書不擬全面討論勞工運動，不過第五章會簡單談到1980年代後的勞工運動發展。

30 黃棋鉦2007，1。

31 劉俊男2008，6。

32 黃棋鉦2007，1。

33 涂懿文2018，102–103。

34 Hsu and Cheng 2002, 898.

35 Hsu and Cheng 2002, 902–903.

36 2014年的氣爆災難正是最明顯的例子。2014年7月31日晚間，高雄市民眾通報有瓦斯外洩，不久前鎮區和苓雅區就發生了多起氣爆案。事故造成32人死亡，321人受傷。釀成事故的管線是由台灣中油公司設計與建造，管線推測是用來向李長榮化工的石化廠輸送丙烯。也參見呂欣怡2009。

37 多年下來，加工出口區已經從一開始的組裝廠和簡單加工廠，發展成涵蓋高科技產業與科學園區、金融區、物流中心等，甚至成為觀光景點。投資人從外商變成台灣企業，來自東南亞國家的移工也快速取代台灣工人，成為加工出口區的主要勞動力。

38 柯妧青導演2006年的紀錄片《她們的故事：生產線上的容顏》呈現了這點。

39 見蔡佳菁2016；涂懿文2018。蔡佳菁是旗津出身的公務員，原本任職於高雄市政府旗津區公所，後來調到其他政府機關，她的《戰爭與遷徙：蔡姓聚落與旗津近代發展》（2016）娓娓道出蔡家的歷史，說明蔡家如何在二次大戰結束、冷戰開始後的短短五十年間，在旗津島上不斷搬遷又重新定居。本書第一章詳細介紹的二十五淑女墓遷址過程，也印證了國家政策對

旗津空間的影響。

40 涂懿文2018，113-114。

41 電石渣又稱碳化鈣渣，是工業生產乙烯、聚氯乙烯等石化產物時產生的固體廢棄物。電石渣沒有回收再利用的價值，一般都直接掩埋處理。

42 除了電石渣，高雄當地環保團體近年調查時更在旗津沿岸發現了瀝青、廢輪胎等廢棄物。

43 劉俊男2008，105-106、148-150。

44 劉俊男2008，104。

45 黃棋鉦2007。

46 涂懿文2015，42。

47 引自柯妧青2006

48 Fitting 1982, 737–738.

49 Samuel P. S. Ho 1978.

50 Mills 1999, 39.

51 引自柯妧青2006。

52 引自蕭伊伶2014，97–98。

53 參見沈玫姿1980。

54 陳亭茜2016。

55 引自洪芳婷2010，51。

56 引自柯妧青2006。

57 Harrell, "Why Do Chinese Work So Hard?"

58 引自涂懿文2015，51。這裡的「高」姓為化名，引文原作者更改了受訪者的姓氏，以保其隱私。

59 引自涂懿文2015，50。

第三章　孝順的女兒、虔敬的鬼魂

1 Formoso 2014, 92.

2 Feuchtwang 2010, 168–169.

3 Weller 1985, 1994b.

4 Bloch and Parry, 1982.

5 Feuchtwang 1992; Jordan 1972.

6 Martin 1988.

7 參見高雄論壇1973，30–32。

8 《工廠法》已在2018年11月21日廢止。1984年通過的《勞動基準法》是現今最重要的勞動法規，《勞基法》規定了基本勞動條件標準，保護勞工權益。

9 協調委員會成員包括莊進春、莊國賢、郭瑞在、郭水川，至於第五位父親的姓名，經過多方詢問，最終仍沒有問到。

10 由於時間過去太久，大部分的報導人已經不記得當年賠償的金額，在不同的訪談中提到的賠償金額也不一，有些父母說渡船公司賠償每位罹難者家屬新台幣9萬元（當時工廠女工的月薪是新台幣幾百塊）不過根據郭水川的說法（他是當時五人協調委員會裡的財務委員），高雄市政府和渡船公司老闆最後達成協議的賠償金額是新台幣25萬，不是一般常聽到的9萬。

11 王秀雲2006。

12 迎王祭典為期八天，包括一系列活動，從開場的請王、遶境、王船法會，一直到最後的宴王、送王。請王是迎來主掌預防瘟疫爆發的神靈，如果瘟疫正肆虐，則迎來驅除瘟疫的神靈；中間幾天，王駕出巡遶境，會穿過東港幾乎每一條大街小巷。王船法會上，王船的大小和出海漁船相當，長度超過12公尺，船身繪有龍、海獸、歷史故事、八仙等吉祥圖案。宴王之後，整個祭典邁向最後高潮：送王，王船（連同船上的瘟神疫鬼）在附近的海灘上徹底燒盡。詳見Katz 1995a, 1995b。

13 考慮到後來出現的神格化現象，莊大姊的敘述未必反映了燒王船的真實情況，更可能是要證明逝去的女性確實已經位列仙班。不論如何，這都說明了民間宗教信仰在這些家庭的生活裡占有重要地位。

14 Ahern 1973.

15 Arthur P. Wolf 1978.

16 值得一提的是，台灣民間宗教裡一直都看得到合葬墓。舉例來說，若是有漂到岸邊、修路時發現或陳屍在戰場上的無名屍骨，大家會修建祠堂或小廟來供奉，這些鬼魂以概括的無名群體接受祭祀，每年7月鬼月接受供養祭拜，信徒明確有所求時也會來拜，是一種照顧鬼魂福祉的方式（Weller 1994b, 130）。這類廟宇一般稱作「有應公」，日治時期之後這個稱呼更加普遍（陳緯華2014）。人們普遍認為向這些鬼魂求什麼都會實現，廟裡常掛

著「有求必應」的牌匾（Weller 1994b, 131）。義民廟是另一個合葬墓的例子，廟裡供奉廣義的社區保衛者。19世紀初以來，台灣的漢人拓墾者與原住民族之間、漢人拓墾者與清政府之間，以及漢人各族群之間時常爆發武裝衝突，因此義民廟相當常見。北台灣客家人認為義民是為了保衛客家聚落、抵禦外敵而犧牲的英雄，因此義民廟擁有特殊文化意義。有些客家義民廟也受到清朝政府和／或日本殖民政府的正式表揚，是忠心勇士的安息之地。在當地社群眼中，「義民」不是孤魂野鬼，而是客家身分的代表。某種意義來說，渡船事故中喪生的25名女性就和「有應公」、「義民」類似，三者都死於異常狀況，無法進入家族譜系，成為父系子孫祭拜的祖先。不過二十五淑女墓和有應公、義民廟有個非常不一樣的地方：在二十五淑女墓安息的墓主擁有確定身分，她們是有名有姓之人的女兒。如前所言，二十五淑女墓不是姑娘廟，除此之外，其牌位與遺骨處理方式也和有應公、義民廟不一樣，後兩者供奉了牌位和遺骨，容納台灣親屬制度裡格格不入的個人，二十五名渡船事故罹難者的遺骨安葬在墓中，牌位則由家屬自行決定各自供奉於何處。

17 高雄是直轄市，當時的高雄市長不是民選產生，而是由中央政府直接官派。

18 感謝唐文慧教授提示這點。

19 黃士瑜2006，2–16。

20 涂懿文、唐文慧2016。這裡的「高」姓為化名。引文原作者更改了受訪者的姓氏，以保其隱私。

21 引自涂懿文2015，43。

22 涂懿文、唐文慧2016，215–258。

23 引自涂懿文、唐文慧2016，228–229。

24 引自涂懿文、唐文慧2016，229–230。

25 涂懿文、唐文慧2016，230。

26 高茂的媽媽對這種社會壓力深有感觸，當年還是高家年輕媳婦的時候，她就飽受鄰居閒言閒語的糟蹋。高茂的媽媽一連生了三胎女兒，家中長輩對於剛出生的小嬰兒漠不關心，也責怪她沒能生個兒子，她只能概括承受。直到生下第四個孩子、也是第一個兒子的高茂時，她才終於從生育男性繼承人的壓力中解脫。高茂的姊姊回憶：「我媽媽連續生三個女的啊！我是老二，生到老三的那時候，我阿公、阿嬤整個翻臉了，告訴那個產婆啊，

跟她說那個（老三）不要了，女生生那麼多……怎樣的……說得很難聽就是了！」（引自涂懿文、唐文慧2016，234）。

27 Jordan 1972.

28 Jordan 1972, 85.

29 Jordan 1972.

30 Weller 1994a, 149–150.

31 最近幾年，不少家庭把女兒的金身從保安金山寺請回家裡（如果父母已經不在或不管事了，則是由兄弟做主請姊妹回家）。把金身請回家似乎沒有統一的理由。家屬常常告訴我們，他們是應女兒或姊妹神靈的要求才這麼做。儘管如此，我們確實發現似乎有個共同原因：想要從死者的神力獲得利益，可能是經濟方面或其他方面的益處。供奉在一妙菩薩妙玄宮的神化女性，金身同樣也被擔任乩身的莊大姊送了回家，不過原因不一樣。莊大姊說這些神化女性的家屬嫉妒一妙菩薩，不滿參拜者都只關注一妙菩薩，她只好這麼做。「處理這些沒完沒了的抱怨爭執實在太累人，」她解釋道，「最後我只好請大家各走各的路。」
不過還是有些父母決定把女兒的金身永久供在地方廟宇。例如調解委員會的莊國賢告訴我們，他捐了新台幣三萬塊給保安金山寺，讓女兒的金身永遠供在寺裡。莊先生解釋：「我早晚會走，她的兄弟自己有家庭要照顧。這是最好的安排，大家都不用再煩惱這件事。」這與前面正文裡提到的另一位父親的考量相同。近年的變化暫且不論，早些年這些家庭大都遵循同樣做法，把金身請回家，供奉在屋子不同樓層，和家族祖先桌分開。

32 Harrell 1974, 203–204.

33 Harrell 1974, 204.

34 Lin 2008, 2015.

35 Feuchtwang 1992.

36 莊仁誠2013，35。

37 莊仁誠2013，38–40、174–175。

38 人類學家林舟（Joseph Bosco 1994, 426）在分辨台灣的公廟與私廟時，指出公廟是「社群節慶舉辦之地……象徵村莊的團結，也是凝聚村莊的重心……公廟代表村莊，寺廟的領導階層往往也是村莊的領導階層。所有村民都應該參與神明的公共祭祀……遇到寺廟翻修和公共節慶也都應該贊助捐

獻。」與之對比，私廟——像是這裡的妙玄宮——「往往屬於個人，有時候屬於某個協會……私廟是某群信徒而非全村的宗教活動重心……某個神明的信徒可能會到私廟請示神明，如果神明出名靈驗，更會有眾多信徒慕名而來」（Bosco 1994, 427）。

39 Martha and Bruce Lincoln 2015.

40 Hollan 2020.

第四章　溫順女性、勞工英雌

1 Bosco 2007; Moskowitz 2004.

2 Tang 2013.

3 Merry 2006, 39; Merry and Stern 2005, 387–38.

4 Jones 1998.

5 Chang-ling Huang 2017, 260.

6 Mohanty 1991; Narayan 2013.

7 以「自主」形容婦女運動，是為了強調婦女運動人士刻意想擺脫國家影響，避免隸屬於任何政黨；參見范雲2003。

8 Yenlin Ku 1989, 12–13.

9 Yenlin Ku 1988, 180.

10 Doris T. Chang 2009.

11 范雲2003，159。

12 Yenlin Ku 2008, 178.

13 Doris T. Chang 2009; Lu 2004.

14 Tang and Teng 2016, 96.

15 Doris T. Chang 2009, 118–155; Lo and Fan 2010, 177。相關法條的修法像是妻子應從夫居、從夫姓、丈夫有權管理夫妻共有財產等，立法層面則包括憲法第十條增修條文，明文規定國家應消除性別歧視，促進兩性地位之實質平等（1994），以及《兒童及少年性交易防制條例》（1995）、《性侵害犯罪防治法》（1997）、《家庭暴力防治法》（1998）、《刑法妨害性自主罪》（1999）、《民法夫妻財產制》（2002）、《性別平等工作法》（2002）、《兒童及少年福利法》（2003）。此外，《民法親屬編》以及《性侵害犯

罪防治法》這兩部相關法律，也分別在1996年與2002年完成修法。

16 參見Inter-Parliamentary Union and UN Women 2019。

17 Chang-ling Huang 2017, 262.

18 Doris T. Chang 2018a, 346–347.

19 Doris T. Chang 2009, 153.

20 彭渰雯2008。

21 Doris T. Chang 2018a, 344.

22 Doris T. Chang 2018a, 354.

23 Huang Chang-ling 2017, 262。2004年，立法院通過《性別平等教育法》，明定教育必須營造性別友善的環境。法律規定從小學到大學教育都必須融入性別平等課程，也要求大專校院必須開設性別研究課。身為中央主管機關的教育部、各縣市政府還有各級學校都要設立性別平等教育委員會，委員會裡至少一半成員必須是女性。在學校及地方政府層級，性別平等教育委員會負責執行性別平等政策、防治性侵害與性騷擾、協調性別平等課程。法律也要求教職員尊重學生的性傾向，打開了同志團體進入學校教育學生LGBTQ權利的機會。

24 Shu-Ching Lee 2011, 50.

25 Weng and Fell 2006.

26 黃淑玲、伍維婷2016；Yenlin Ku 2008.

27 范雲2003。

28 Chong-su Kim 2018, 349.

29 范雲2003；杜文苓、彭渰雯2008。

30 楊婉瑩2004。

31 Ming-sho Ho 2006。儘管如此，身為政治學家與女性主義運動者的黃長玲（2017）提醒我們，不要過度強調女性主義的影響，即使是國家女性主義的影響力也不必太過放大。就台灣而言，儘管2000年代初以來中央政府與女性主義運動者建立了前所未有的同盟關係，但政黨（不論是民進黨還是國民黨）還是必須吸引各式各樣的選民，主要的施政方針未必都和女性主義者一致。

32 Weller 1994a, 143–144.

33 胡台麗1986。

34 行政院2013。

35 行政院內政部2012。書中重點包括：一、未婚或離婚的女性親屬死後應該也能列入原生家庭的祖先牌位（按照傳統習俗，只有結了婚的女性才有資格加入夫家的牌位）；二、男女都可以主持或執行關鍵喪葬儀式（一般認為關鍵角色只能由男性擔任），同理，某些傳統習俗源自性別偏見的想法，只要求女性執行，應該加以廢除；三、傳統上儀式決定，像是喪禮日期的挑選等等，只優先考量男性子孫超自然精神層面與物質層面的福祉、根據他們的八字而定，現代的做法應該將男女子孫的福祉都一起納入考量。重男輕女的喪葬事宜（例如訃聞或墓碑上的姓名順序）一樣也應該改為按照年紀而非性別來決定。

36 傳統習俗要求結了婚的女性除夕夜要和丈夫及家人一起吃團圓飯，這裡的家人包括公婆、已婚的大伯小叔及其妻小、已婚的兒子及其妻小、未婚的女兒，以及未婚的大小姑——簡單來說，就是有權利繼承家產的父系男性子孫，及其未婚女兒或姊妹。（值得注意的是，台灣法律規定，兒子女兒不論已婚未婚，都擁有平等的財產繼承權。）傳統習俗也說，結了婚的女性只能在大年初二回娘家，據說女兒除夕夜回娘家圍爐，會為娘家招來霉運。同理，身為娘家外人的女兒如果在大年初一回兄弟家看媽媽（媽媽理論上和兄弟同住），就會把兄弟吃窮，或是破壞兄弟的財運。不過也有人說，只要女兒帶一桶食用油當伴手禮，就可以破除這個禁忌，因為台語有句話說「趁甲油洗洗」（*thàn kah iû-sé-sé*，賺到盆滿缽滿），可以用「油」來象徵「賺大錢」（張雯婷2014，53-54）。不過這些民間禁忌可能是出自更實際的原因。許多台灣人過年一有空就會去拜訪親戚朋友和生意夥伴，一般認為媳婦要和婆婆一起好好招待家裡的客人。呼應這些習俗，女兒的名字通常不載入族譜，結了婚的女性記載於夫家族譜時，只記載其娘家姓氏，不記其名。

37 農曆1月12日是中部蕭氏宗族的大日子，每年都有破百人參加年度祭祖儀式。身為嫁出去的女兒，蕭教授記得她2006年回家探望父母的時候，發現只有父親收到年度祖祭的邀請卡，母親則被排除在外。她好奇事情怎會如此，於是那年決定和父親一起參加祖祭，到了現場才發現參加者全是男性。這件事意外讓她萌生擔任主祭的想法，她請父親跟宗祠管理委員會的主委商量。

想不到這不是蕭教授的父親第一次請求讓女兒擔任祭祖儀式的主祭。1990年，蕭昭君從美國印第安那大學拿到教育博士學位，是蕭家史上第一位博士；父親知道女兒絕對可說是光宗耀祖，就興高采烈去問當時的主委，女兒能不能當主祭。主委回答：「博士是可以當主祭啦！但是個女的就省了。」不過到了2007年蕭教授的父親再次詢問時，新主委爽快答應，他說：「時代變了。以前的人比較古板，我比較民主啦。現在女性都可以當副總統了」（見陳一姍2007）。這裡蕭家主委提到的副總統是呂秀蓮，台灣女性主義與婦女解放運動的先驅。

38 台灣性別平等教育協會2009。

39 這部電影是台灣性別平等教育協會製作的第一部紀錄片；參見蔡靜茹2009。

40 引自陳一姍2007。

41 Chen Hsin-yi 2010.

42 國家文化總會是以推廣廣義的文化為宗旨的半官方非營利組織，現已改名為「中華文化總會」。

43 陳詠2010。

44 淩美雪2006。

45 《女人屐痕2》、《女人屐痕3》分別於2008年與2019年出版。

46 國家文化總會與各地婦女團體及縣市政府合作舉辦一系列「台灣女性文化地標展」，參與地標計畫的專家也獲地方政府邀請，參加「女性文化地標看性別主流化」研討會。展覽和研討會都開放一般大眾參加，不過主要對象仍是政府機關人員、非政府組織職員、政府機關的志工，以及私立社會服務機構。

47 Tang 2013.

48 高雄市婦女新知協會最初是婦女新知基金會為了多元化而建立的分部，不過多年運作下來，高雄婦女新知愈來愈獨立於原本的基金會。高雄市婦女新知協會目前是獨立組織，有自己的章程，也有自己的理監事選舉，主要關注高雄市或南台灣的議題。

49 王秀雲2006。

50 永豐銀行企業工會2019。

51 柯妧青2008。

第五章　藍領工業城市、藍色海洋首都

1　章首引言。高雄畫刊2004b，2005；曾梓峰2004。

2　參見Hsu and Cheng 2002, 903。加工出口區的主管機關是經濟部加工出口區管理處，為台灣高科技產業提供營運基地的科技園區，主管機關則是科技部。台灣目前設有三個科學園區：北台灣的新竹科學園區、台中的中部科學園區、台南的南部科學園區，新竹科學園區是其中歷史最悠久也最重要的科學園區。

3　Mah 2012, 129.

4　Urry and Larsen 2011, 24.

5　Urry and Larsen 2011, 24.

6　Edensor 2005b, 13.

7　內政部戶政司2025年3月底的統計資料顯示，台灣最大的三個城市依序是新北市（約405萬人）、台中市（約287萬人）、高雄市（約273萬人）（https://www.ris.gov.tw/app/portal/346）。

8　Yu 2019.

9　Taiwan Asia-Pacific Regional Operations Center, n.d.（https://park.org/Taiwan/Government/Theme/Asia_Pacific_Rigional/chinese/foreword/2.htm）.

10　謝長霖2010，53–57。

11　葉思吟2011。

12　柯志昌、梁慧琦、賴美娟2008，53–54。

13　Anru Lee 2015.

14　林欽榮2006。

15　這裡需要指出的是，「市港合一」在這個時間點仍然只是理想而非現實，主要原因在於高雄港土地分屬不同中央政府機關所有，包括交通部高雄港務局、財政部國有財產署、國防部，因此甚至有人戲稱，政府若要核准這片土地的任何使用，「需要蓋上兩千個章也不足以為奇」（涂懿文2018，116）。直到2015年，行政院指示高雄市政府與交通部合資成立高雄港區土地開發公司，統一高雄港土地管理的權責單位，這種情況才得以改觀（涂懿文2018，117）。

16　Kaohsiung City Information Bureau 2001.

17 葉思吟2011，71–96。

18 林欽榮2006，206–303。

19 今日，愛河的大部分河段已成為觀光遊船的航線，遊人還可以沿著河畔步道散步，參觀高雄歷史博物館，在音樂館和廣場聽音樂，到高雄市電影館看電影，或是單純坐下來喝杯咖啡，「享受白天與夜晚愛河的異國風情與浪漫氣息，有如坐在巴黎塞納河畔一般」（見Lindy Yeh 2004）。

20 王啟川、吳哲瑋2012。

21 Yu 2019.

22 高雄畫刊2004a。

23 涂懿文2018，119。

24 聖淘沙是位於新加坡中部的島嶼，二戰期間成為英國軍事基地與日軍的戰俘營。1972年，新加坡政府重新命名了聖淘沙島，將其重建為熱門旅遊勝地，島上現在有一座人氣度假村，每年吸引超過兩千萬名遊客造訪。島上景點包括「兩公里長的平靜海灘、西羅索炮台、兩座高爾夫球場、十四間飯店，以及聖淘沙名勝世界，其中設有新加坡環球影城樂園與新加坡唯二的賭場之一」；Wikipedia, s.v. "Sentosa," last modified October 27, 2022, 19:26, https://en.wikipedia.org/wiki/Sentosa.

25 劉俊男2008，211。

26 郭書瑋2015。

27 涂懿文2018，120–123。

28 沈昌鎮2004，72。

29 參見Minns and Tierney 2003, 114。1988年的高雄台鐵工人罷工、苗栗客運司機罷工、新竹的遠東紡織公司員工罷工是這一階段勞工運動中幾場重大的勞工抗爭（Minns and Tierney 2003, 114）。

30 柏蘭芝1993；何燕堂1992；林文婷1998；新光關廠抗爭戰友團2003。

31 Minns and Tierney 2003, 115.

32 國營企業的工會運動走出與台灣勞工運動不同的軌跡。台灣中小企業的工廠工人面對的是工廠關閉的危險，大型國營企業員工對抗的則是政府將企業民營化的政策方向。因此公部門的工會運動源自反對民營化的抗爭，目標是確保工人繼續保有公務員身分。儘管多數國營企業現在都已民營化（政府是最大股東），但工會仍然十分強大。

33 鄭怡雯2018，121。
34 引自沈昌鎮2004，71。
35 重大的職災事件包括患上減壓症（俗稱潛水夫病）的台北捷運工人（皆為男性），以及台灣美國無線電公司（RCA Taiwan）因接觸電子產品中使用的各種有毒化學物質而在多年後罹患癌症的工人（多數是女性）（顧玉玲2008）。前者訴訟，法院二審於2023年3月判決廠商須負責任，個別潛水夫症工殤者終獲50萬賠償。後者的受害員工、家屬從2004年開始提告求償，其中纏訟最久長達20年的第一批起訴勞工222人——俗稱「一軍」——於2025年初高等法院二審判決中集體獲償1.7億元，並可再上訴。
36 許文媛2004。
37 沈昌鎮2004，69。
38 Jou, Hansen, and Wu 2011; Jou, Clark, and Chen 2016.
39 王志弘2010。
40 Anru Lee 2018；林文一2015。
41 王淑芬2006。

第六章　超自然存在、現代化國家

1 Aveline-Dubach 2012.
2 內政部，引自Shu-Chun Lucy Huang 2007, 208.
3 Shu-Chun Lucy Huang 2007.
4 參見張理國2019。隨著火葬普及，靈骨塔也漸漸一位難求，政府又開始推廣其他喪葬方式，如樹葬、花葬及海葬。
5 Tremlett 2007.
6 王秀雲2006。
7 Bih 2006.
8 天后宮與廣濟宮為旗津祭祀圈的兩大公廟。
9 林倖妃2017。
10 林倖妃2017，229。
11 Weller 1994a, 141。十八王公廟是台灣北海岸一間香火鼎盛的廟宇，根據廣為流傳的故事，19世紀中葉，一艘遇難的漁船被沖上海岸。船上有17具

男人的遺體，還有一隻莫名活下來的狗。當地人用常見方式處理身分不明的遺體：把遺體合葬在一起，這次合葬的地點是淡金公路上、俯瞰海岸的懸崖。據故事說，狗一直徘徊在死去主人身邊，在墓旁活活餓死，當地人於是把狗埋葬在17人旁。另一個版本的故事說，狗堅持跳進遺體所在的墓穴，當地人最後只好把狗一起活埋。狗展現了對主人不離不棄的忠心，於是成為十八王公的第十八王公。

12 Weller 2000, 482–483.

13 Kong and Yeoh 2003, 51.

第七章　紀念的延續與超越

1 四方通行網站介紹，網址：https://guide.easytravel.com.tw/scenic/2179。

2 Nora 1989.

3 Rigney 2008.

4 Rigney 2008, 346.

5 Wei-ni Wang 2007, 141.

6 Shu-Ching Lee 2012, 258.

7 Wei-ni Wang 2007, 131.

8 Shu-Ching Lee 2012, 258.

9 Wei-ni Wang 2007, 132.

10 Chang-ling Huang 2017, 262.

11 承認差異被視為性別平等教育的關鍵（Li-ching Wang 2014, 25）。《性別平等教育法》涵蓋範圍廣泛，不只涵蓋兩性，也涵蓋性少數，法條規範了教材內容以及各個層面的歧視、騷擾、暴力等（Shu-Ching Lee 2012, 254）。本章不擬全面評述性別平等教育的影響（尤其是對於性別多元化的影響），這裡只簡單提一點，一開始強調性侵害和性騷擾的方向大致順利推行，未引起爭議。但是從2011年起，捍衛傳統道德和性觀念的保守宗教運動興起，在墮胎、同性婚姻、性別平等教育等議題引發激烈爭論（Ming-sho Ho 2019; Ke- hsien Huang 2017）。保守勢力反對學校教育教導學生注意針對性傾向、性別氣質或性別認同的霸凌行為（陳昭如2014）。他們的主要論點是，「政府不應另設類別來『正常化』LGBT族群，『保

護』他們的『異常』行為」（Ming-sho Ho 2020, 151）。爭取性別多元化的抗爭還在繼續，值得注意的是，與此同時，台灣在2019年5月24日通過了同性婚姻合法化的法案，成為亞洲第一個同性婚姻合法化的國家。

12 Wei-ni Wang 2007, 141.

13 呼應《性別平等教育法》的廣泛範圍，性別平等教育課程也涵蓋了一系列主題，包括傳統的身體與性教育；多元的性、性別、性向、性別氣質；異性戀與同性戀親密關係；多元家庭組成；性別與民俗；以及科學、科技、工程、數學（STEM）領域的性別平等（蕭昭君、王儷靜、洪菊吟2012）。實務上，同屬傳統性教育內容的人體解剖生理與性侵害預防，是從小學到大專校院最常見的兩大性別平等教育主題。此外，「性別與民俗」也長年為性別平等教育的重要主題，同時多元性別的比重也快速上升，這點從教育部刊物《兩性平等教育季刊》的內容可見一斑。

14 蘇芊玲、蕭昭君2005。

15 蕭昭君2007，211。

16 蕭昭君2007，211。

17 蕭昭君2007，211。

18 這裡所指的定位，主要是指知識的生產跟生產者的處境有密切的關連：不同的處境會有不相同的經驗和觀點，生產出的知識當然也就不同。

19 幾個主要例子包括蘇芊玲、蕭昭君2005；蔡麗玲、游美惠2008；蕭昭君、王儷靜、洪菊吟2012；以及《兩性平等教育季刊》。

20 我是在2013年訪問游教授，九年一貫課程體系後來延伸為十二年一貫課程體系。

21 黃玄齡2012。

22 戰爭與和平紀念公園內的主題館在2009年5月20日啟用，紀念台籍日本兵的歷史，這群年輕士兵先是被日本派去參加太平洋戰爭，後來又在國共內戰中被投入國民黨與共產黨之間的戰場。主題館也談到捲入日本戰事的各類人群的歷史，包括台籍看護婦、慰安婦、海軍工廠的少年工等等。主題館內展出歷史照片、文字資料，以及當時使用的各種工具器物，主題館外牆裝飾的圖像，則繪出台灣人分別身穿日本皇軍、國民黨國民軍、共產黨解放軍的制服，展現了當時台灣人身為殖民地臣民的處境。

23 張允慧2015。

24 Yen-hsin Alice Cheng 2025.

25 蕭昭君2017，83。

26 參見羅素娟2014。羅素娟時任內政部民政司科長，民政司就是主管性別平等事務的單位。

27 行政院內政部2012，vi。

28 行政院內政部2012，v。

29 參見Su 2014, 16–17。按照傳統職權劃分，勞動部是殯葬服務人員的唯一政府主管機關。不過由於政府持續推動改善台灣殯葬服務業品質與增進消費者權益保障，2010年初以來，內政部便和勞動部合作舉辦專業培訓以及全國喪禮服務技術士證照考試。具體而言，2012年《殯葬管理條例》修正以後，內政部有權制訂《禮儀師管理辦法》，新的證照體系包括三大面向：專業訓練、技能檢定、技術士認證。2013年，內政部獲准舉行喪禮服務乙級技術士技能檢定，這是取得禮儀師證照的三項資格之一。

30 唐鎮宇2010。

31 遊戲設計了四種類別的卡片，討論十四項看來已經過時或有問題的死亡相關習俗。每個習俗都對應四張卡片，四種類別各取一張，依序設計安排如下：為什麼（傳統習俗背後的起源或緣由）；怎麼做（習俗的古老做法）；發生了什麼變化（什麼樣的現況讓習俗的傳統做法不切實際或不再可行）；以及如何調整（傳統做法的替代方案）。另外，她也做了一套婚俗版的《穿越時空》桌遊。

結語　未來的現在、未來的過去

1 章首引言。李昂2004，237。

2 Engelke 2019.

3 Yenna Wu 2015, 60–61.

4 Yenna Wu 2014.

5 張以昕2012，163–164。

6 Sterk 2011.

7 Watson 1985.

8 Chi 2009; Szonyi 2008.

引用書目 References

一、中文書目

王志弘。2010。〈都市社會運動的顯性文化轉向？1990年代迄今的台北經驗〉。《國立臺灣大學建築與城鄉研究學報》16期，pp. 39–64。

王秀雲。2006。《「二十五淑女墓景觀整建及命名田野訪談計畫」成果報告書》。高雄：高雄市勞工局，未出版。

王啟川、吳哲瑋。2012。〈高雄港灣再造：亞洲新灣區〉。《城市發展》13期，pp. 10–26。

王淑芬。2006。〈旗津觀光大島，高市編列一億多元預算〉。《大紀元新聞網》2006年3月1日，http://www.epochtimes.com/b5/6/3/31/n1272507.htm。

台灣性別平等教育協會。2009。〈性別大代誌〉。《台灣性別平等教育協會通訊》20期，2009年4月16日。

四方通行。無日期。旗津勞動女性紀念公園，https://guide.easytravel.com.tw/scenic/2179。（最後瀏覽時間：2021年12月10日）

永豐銀行企業工會。2019。〈好片介紹：她們的故事，生產線上的容顏〉。http://union.sinopac.org.tw/friend.php?adminop=view&c_id=18&page=3。

行政院。2013。〈行政院時政講義：男女有別？〉，http://archives.ey.gov.tw/01ey/20160519/www.ey.gov.tw/News_Content16c3ec.html?n=E9B83B707737B701&s=48976A9FC8FDCD00。（最後瀏覽時間：2019年4月1日）

行政院內政部。2012。《平等自主，慎終追遠：現代國民喪禮》。台北：內政部民政司。

——。2014。《平等結合，互助包容：現代國民婚禮》。台北：內政部民政司。

行政院內政部民政司。無日期。民政服務專區，https://www.moi.gov.tw/cp.aspx?n=7572。

何燕堂。1992。《勞工集體抗爭行動的形式與動員：新光士林廠關廠抗爭的個

案研究》。東吳大學社會學系碩士論文。
吳仁舜。2019。《飄移的認同：「台籍國軍」認同之探究》。國立政治大學國家發展研究所碩士論文。
呂欣怡。2009。〈地方意識與環境運動：高雄後勁的個案研究〉。《考古人類學刊》70期，pp. 47–78。
李昂。2004。《看得見的鬼》。台北：聯合文學。
杜文苓、彭渰雯。2008。〈社運團體的體制內參與及影響：以環評會與婦權會為例〉。《臺灣民主季刊》5（1）：119–148。
沈昌鎮。2004。《從經濟主義到文化戰爭：舊工業區土地更新下的勞工文化運動》。國立臺灣大學地理環境資源學研究所碩士論文。
沈玫姿。1980。〈翻頁前的回顧：看高雄加工區的女工生活〉。《台灣光華雜誌》1980年12月。
林文一。2015。〈文化創意導向都市再生：「新」都市治理的實踐及其缺憾：以台北迪化街區為例〉。《都市與計畫》42（4）：423–454。
林文婷。1998。《抵抗的社區：社會運動中的女性勞工經驗，以福昌紡織電子廠員工關廠抗爭為個案》。國立臺灣大學建築與城鄉研究所碩士論文。
林倖妃。2017。《花媽心內話：陳菊4000天》。台北：天下雜誌。
林欽榮。2006。《城市空間治理的創新策略——三個台灣首都城市案例評析：台北、新竹、高雄》。台中：新自然主義。
柏蘭芝。1993。《經濟再結構中的婦女就業變遷與地域空間轉化：台北縣成衣業關廠女工再就業的個案研究》。國立臺灣大學建築與城鄉研究所碩士論文。
柯妧青（紀錄片）。2006。《她們的故事：生產線上的容顏》。高雄：高雄市勞工局。
——。2008。〈那年春天午後 我走進旗津中洲〉。《南方電子報》2008年，https://enews.url.com.tw/enews/47907。
柯志昌、梁慧琦、賴美娟。2008。〈高雄港灣城市意象與新符號價值探索〉。《城市發展》7期，pp. 48–73。
洪芳婷。2010。《女兒的薪水，嫁妝與主體性：以1960年代至1980年代高雄地區加工出口區女工的生命經驗為例》。高雄醫學大學性別研究所碩士論文。

胡台麗。1986。〈神，鬼與賭徒：「大家樂」賭戲反映之民俗信仰〉。第二屆國際漢學會議，1986年12月29–31日。台北：中央研究院。

范雲。2003。〈政治轉型過程中的婦女運動：以運動者及其生命傳記背景為核心的分析取向〉。《台灣社會學》5期，pp. 133-193。

凌美雪。2006。〈「淡水女學堂」女性文化地標〉。《大紀元新聞網》2006年3月8日，http://www.epochtimes.com/gb/6/3/8/n1247494.htm。

唐文慧。2004。〈回不了家的女人〉。《中國時報》2004年4月4日。

唐鎮宇。2010。〈喪禮兩性平權，從禮儀師試起〉。《中國時報》2010年3月9日，https://www.chinatimes.com/newspapers/20100309000388-260106?chdtv。

涂懿文。2015。《家庭角色與男子氣概的建構：一個漁村男性的遷移傳記》。國立中山大學社會學系碩士班碩士論文。

——。2018。〈從歷史與空間觀點看高雄旗津當代的發展與變遷〉。《高雄文獻》8（1）：89–128。

涂懿文、唐文慧。2016。〈家庭關係與男子氣概的建構：一個漁村男性的遷移傳記〉。《人文及社會科學集刊》28（2）：215–258.

高雄畫刊。2004a。〈都會香頌，高雄巴黎零時差〉。《高雄畫刊》2004年1月，https://kcginfo.kcg.gov.tw/Publish_Content.aspx?n=3D7C9BFC4F86BF4A&sms=FB76F1E6517A12DC&s=BB6EF5E8704C5933&chapt=411&sort=1。（最後瀏覽時間：2019年8月8日）

——。2004b。〈在海洋，與世界對話〉。《高雄畫刊》2004年4月，pp. 4–9。

——。2005。〈港灣城市新世紀〉。《高雄畫刊》2005年6月，https://kcginfo.kcg.gov.tw/Publish_Content.aspx?n=3D7C9BFC4F86BF4A&sms=FB76F1E6517A12DC&s=C1F543A6F47BEACD&chapt=600&sort=1。

高雄論壇。1973。《高雄翻船慘案特輯》。

國家文化總會。2006。《女人屐痕：台灣女性文化地標》。台北：女書文化。

——。2008。《女人屐痕2：台灣女性文化地標》。台北：新自然主義。

——。2019。《女人屐痕3：台灣女性文化地標》。台北：新自然主義。

張允慧。2015。《再現與療癒：戰爭與和平紀念公園主題館展覽》。國立高雄師範大學跨領域藝術研究所碩士論文。

張以昕。2012。〈生前的悲劇與死後的超越：李昂「看得見的鬼」的女性成長書寫〉。《臺北教育大學語文集刊》21期，pp. 161–201。

張珣。2000。〈婦女生前與死後地位：以養女與養媳為例〉。《考古人類學刊》56期，pp. 15–43。

——。2015。〈海洋臺灣的民俗信仰與傳統：媽祖與王爺為例〉。《臺北城市科技大學通識學報》4期，pp. 75–84。

張理國。2019。〈台灣火化率全球第二，內政部：國人觀念在轉變〉。《中國時報》2019年3月29日，https://www.chinatimes.com/realtimenews/20190329001831-260407?chdtv。（最後瀏覽時間：2019年10月16日）

張雯婷。2014。〈與社區民眾相遇：談性別與習俗〉。《性別平等教育季刊》69期（2019/12），pp. 52–55。

張夢瑞。2001。〈台灣的「美空雲雀」：陳芬蘭〉。《台灣光華雜誌》2001年3月。

莊仁誠。2013。《旗津區廣濟宮之地方感建構》。國立高雄師範大學台灣歷史文化及語言研究所碩士論文。

許文媛。2004。〈工殤二十五淑女墓正名〉。《中國時報》2004年4月15日。

郭石城。2008。〈台灣歌謠之父，社會寫實撼人心〉。《中國時報》2008年9月14日，http://blog.xuite.net/s531215/twblog/126400323-%E9%B3%B3%E9%A3%9B%E9%A3%9B-%E5%AD%A4%E5%A5%B3%E7%9A%84%E9%A1%98%E6%9C%9B。

郭書瑋。2015。《城市後工業戰略下的日常生活實踐與抵抗：以旗津觀光發展為例》。國立中山大學社會學系碩士班碩士論文。

陳一姍。2007。〈出閣女主祭，改寫蕭家建祠百年史〉。《中國時報》2007年2月4日。

陳亭茜。2016。《臺灣加工出口區勞動空間地方化與尺度化：以楠梓加工區為例》。國立臺灣師範大學地理學系碩士論文。

陳昭如。2014。〈反制運動做為契機：「性別平等教育法」十週年的新出發〉。《性別平等教育季刊》69期，pp. 63–71。

陳詠。2010。〈陳秀惠：女性文化地標，裸足開啟〉。《新頭殼》2010年1月11日，https://newtalk.tw/news/view/2010-01-11/3282。

陳緯華。2014。〈孤魂的在地化：有應公廟與臺灣社會地緣意識之轉變〉。《民俗曲藝》183期，pp. 253–338。
彭渰雯。2008。〈當官僚遇上婦運：台灣推動性別主流化的經驗初探〉。《東吳政治學報》26（4）：1–59。
曾梓峰。2004。〈一個正在改變的城市〉。《高雄畫刊》2004年3月，pp. 7–9。
黃士瑜。2006。《高雄市中洲地區的聚落空間構成分析》。國立成功大學建築學系碩博士班碩士論文。
黃玄齡。2012。〈從「廿五淑女墓」到「勞動女性紀念公園」〉。收入《我們可以這樣教性別》，蕭昭君、王儷靜、洪菊吟編，pp. 263–270。台北：三民。
黃淑玲、伍維婷。2016。〈當婦運衝撞國家：婦權會推動性別主流化的合縱連橫策略〉。《台灣社會學》32期，pp. 1–55。
黃棋鉦。2007。《高雄市旗津地區的聚落發展與產業變遷》。國立高雄師範大學地理學系碩士論文。
黃瓊慧。2011。《一位國小教師實踐性別平等教育之研究》。國立新竹教育大學人資處教育心理與諮商碩士專班碩士論文。
新光關廠抗爭戰友團（編）。2003。《那年冬天，我們埋鍋造飯：新光士林廠關廠勞工生命故事及抗爭實錄》。台北：台北市勞工局勞動教育文化科。
楊青矗，1978。〈跋：起飛的時代〉。收入《工廠女兒圈》，pp. 235–243。高雄：敦理出版社。
楊婉瑩。2004。〈婦權會到性別平等委員會的轉變：一個國家女性主義的比較觀點分析〉。《政治科學論叢》21期，117–147。
葉思吟。2011。《媒介城市： 當代高雄空間改造與意象建構》。世新大學傳播研究所博士論文。
劉仲冬、陳惠馨。2005。《我國婚喪儀式性別意識之檢討》。台北：內政部。
劉俊男。2008。《高雄旗津舊庄落之歷史變遷》。國立臺南大學台灣文化研究所教學碩士班碩士論文。
劉進慶。1992。《台灣戰後經濟發展》。台北：人間。
蔡佳菁。2016。《戰爭與遷徙：蔡姓聚落與旗津近代發展》。高雄：春暉。
蔡靜茹（紀錄片）。2009。《女生正步走：牽手催生女主祭》。台北：台灣性

別平等教育協會。
蔡麗玲、游美惠（編）。2008。《性別與民俗：教材及範例》。台北：三民。
鄭文諺。2015。《社會變遷下的性別與財產繼承：以旗津漁村為例》。國立中山大學社會學系碩士班碩士論文。
鄭怡雯。2018。〈歐洲產業遺址再造下的勞動文化資產保存：以芬蘭坦佩雷市為例〉。《台灣社會研究季刊》109期，pp. 117–136。
蕭伊伶（編）。2014。《金釵記：前鎮加工區女性勞工的口述記憶》。高雄：麗文。
蕭昭君、王儷靜、洪菊吟（編）。2012。《我們可以這樣教性別》。台北：三民。
蕭昭君。2007。〈「妳媽媽的故事有什麼好寫的？」：生產「禮讚女性」教學知識的行動敘說〉。《教育實踐與研究》20（1）：201–226。
——。2017。〈性別與文化習俗〉。收入《性別與教育，文化與媒體》，行政院編，pp. 70–103。台北：行政院。
賴瑞枝。2010。《旗津和鼓山兩地渡船頭地區聚落發展之研究》。國立臺南大學台灣文化研究所教學碩士班碩士論文。
謝長霖。2010。《國家轉型下的空間重塑：以高雄港區發展為例》。國立臺灣大學地理環境資源學研究所碩士論文。
羅素娟。2014。〈從男婚女嫁到平等成家，婚俗也要與時俱進〉。《性別平等教育季刊》69期，pp. 42–46。
蘇芊玲、蕭昭君（編）。2005。《大年初一回娘家：習俗文化與性別教育》。台北：女書文化。
顧玉玲。2008。〈勞動者的血汗印記：工殤紀念碑與歷史記憶〉。《台灣社會研究季刊》72期，pp. 229–252。

二、英文書目

Ahern, Emily M. 1973. *The Cult of the Dead in a Chinese Village*. Stanford, CA: Stanford University Press.
Alexander, M. Jacqui, and Chandra Talpade Mohanty. 1997. "Introduction: Genealogies, Legacies, Movements." In *Feminist Genealogies, Colonial Legacies,*

Democratic Futures, edited by M. Jacqui Alexander and Chandra T. Mohanty, pp. xiii–xlii. New York: Routledge.

——. 2010. "Cartographies of Knowledge and Power: Transnational Feminism as Radical Praxis." In *Critical Transnational Feminist Praxis*, edited by Amanda Lock Swarr and Richa Nagar, pp. 23–45. Albany: State University of New York Press.

Appadurai, Arjun. 2001. "Grassroots Globalization and the Research of Imagination." In *Globalization*, edited by Arjun Appadurai, pp. 1–21. Durham, NC: Duke University Press.

Arrigo, Linda Gail. 1980. "The Industrial Work Force of Young Women in Taiwan." *Bulletin of Concerned Asian Scholars* 12 (2): 25–38.

Aveline-Dubach, Natacha, ed. 2012. *Invisible Population: The Place of the Dead in East-Asian Megacities*. New York: Lexington Books.

Belair-Gagnon, Valerie, Smeeta Mishra, and Colin Agur. 2014. "Reconstructing the Indian Public Sphere: Network and Social Media in the Delhi Gang Rape Case." *Journalism* 15 (8): 1059–1075.

Benjamin, Walter. 2003. "On the Concept of History." In Selected Writings. Volume 4, *1938–1940*, edited and translated by Edmund Jephcott, pp. 389–400. Cambridge, MA: Harvard University Press.

Bih, Herng-dar. 2006. "Women and Public Facilities in Taiwan: Revising Policies on Public Spaces." *Women and Environments International*, nos. 70–71, 28–30.

Blanco, Maria del Pilar, and Esther Peeren. 2013a. "Introduction: Conceptualizing Spectralities." In *The Spectralities Reader: Ghosts and Haunting in Contemporary Cultural Theory*, edited by Maria del Pilar Blanco and Esther Peeren, pp. 1–28. New York: Bloomsbury Academic.

——, eds. 2013b. *The Spectralities Reader: Ghosts and Haunting in Contemporary Cultural Theory*. New York: Bloomsbury Academic.

——. 2013c. "Spectropolitics: Ghosts of the Global Contemporary / Introduction." In *The Spectralities Reader: Ghosts and Haunting in Contemporary Cultural Theory*, edited by Maria del Pilar Blanco and Esther Peeren, pp. 91–102. New York: Bloomsbury Academic.

Bloch, Maurice, and Jonathan Parry. 1982. "Introduction." In *Death and the*

Regeneration of Life, edited by Maurice Bloch and Jonathan Parry, pp. 1–44. Cambridge: Cambridge University Press.

Bold, Christine, Ric Knowles, and Belinda Leach. 2002. "Feminist Memorializing and Cultural Countermemory: The Case of Marianne's Park." *Signs* 28 (1): 125–148.

——. 2003. "How Might a Women's Movement Be Different?" *Essays on Canadian Writing*, no. 80, 17–35.

Bosco, Joseph. 1994. "Yiguan Dao: 'Heterodoxy' and Popular Religion in Taiwan." In *The Other Taiwan: 1945 to the Present*, edited by Murray A. Rubinstein, pp. 423–444. Armonk, NY: M. E. Sharpe.

——. 2007. "Young People's Ghost Stories in Hong Kong." *Journal of Popular Culture* 40 (5): 785–807.

Boyer, M. Christine. 2000. "Twice-Told Stories: The Double Erasure of Time Squares." In *The Unknown City: Contesting Architecture and Social Space*, edited by Iain Borden, Joe Kerr, Jane Rendell, with Alicia Pivaro, pp. 30-53. Cambridge, MA: MIT Press.

Brenner, Neil. 1997. "State Territorial Restructuring and the Production of Spatial Scale: Urban and Regional Planning in the Federal Republic of Germany, 1960–1990." *Political Geography* 16 (4): 273–306.

Brenner, Neil, and Nik Theodore. 2002. "Cities and the Geographies of 'Actually Existing Neoliberalism.'" *Antipode* 34 (3): 349–379.

Briggs, Charles L. 2004. "Theorizing Modernity Conspiratorially: Science, Scale, and the Political Economy of Public Discourse in Explanations of a Cholera Epidemic." *American Ethnologist* 31 (2): 164–187.

Bruun, Ole. 2008. *An Introduction to Feng Shui*. Cambridge: Cambridge University Press.

Buyandelger, Manduhai. 2013. *Tragic Spirits: Shamanism, Gender, and Memory in Contemporary Mongolia*. Chicago: University of Chicago Press.

Byrne, David. 2002. "Industrial Culture in a Post-industrial World: The Case of the North East of England." *City* 6 (3): 279–289.

Cairoli, M. Laetitia. 2012. *Girls of the Factory: A Year with the Garment Workers of Morocco*. Gainesville: University of Florida Press.

Cannell, Fenella. 2013. "Ghosts and Ancestors in the Modern West." In *A Companion to the Anthropology of Religion*, edited by Janice Boddy and Michael Lambek, pp. 202–222. Oxford: Wiley Blackwell.

Cartier, Carolyn L. 1997. "The Dead, Place/Space, and Social Activism: Constructing the Nationscape in Historic Melaka." *Environment and Planning D: Society and Space* 15 (5): 555–586.

Chang, Doris T. 2009. *Women's Movements in Twentieth-Century Taiwan*. Urbana: University of Illinois Press.

——. 2018a. "Gender Mainstreaming and Gender Policies in Contemporary Taiwan." *Journal of International Women's Studies* 19 (6): 344–358.

——. 2018b "Studies of Taiwan's Feminist Discourses and Women's Movements." *International Journal of Taiwan Studies* 1 (1): 90–114.

Chen Hsin-yi. 2010. "Women on the March: Hsiao Jau-jiun Pushes for a Revolution in Customs and Culture." *Taiwan Panorama*, March 2010. https://www.taiwan-panorama.com/en/Articles/Details?Guid=d8576bae-b468-428b-8a22-b8feaac347b3&CatId=10&postname=Women%20on%20the%20March--Hsiao%20Jau-jiun%20Pushes%20for%20a%20Revolution%20in%20Customs%20and%20Culture.

Cheng, Yen-hsin Alice. Forthcoming. "Marriage and Demography." In *The Encyclopedia of Taiwan Studies*, edited by Lung Chih Chang, Kuei Fen Chiu, Nancy Guy, Dafydd Fell, Ming-Sho Ho, Hsin-huang Michael Hsiao, Peter Kang, Anru Lee, Lih-Yun Lin, Hsin-Tien Liao, et al. Leiden, Netherlands: Brill.

Chi, Chang-hui. 2009. "The Death of a Virgin: The Cult of Wang Yulan and Nationalism in Jinmen, Taiwan." *Anthropological Quarterly* 82 (3): 669–689.

Cohen, Myron. 1976. *House United, House Divided: The Chinese Family in Taiwan*. New York: Columbia University Press.

Derrida, Jacques. 1994. *Specters of Marx: The State of the Debt, the Work of Mourning, and the New International,* translated by Peggy Kamuf. New York: Routledge.

DeSilvey, Caitlin, and Tim Edensor. 2013. "Reckoning with Ruins." *Progress in Human Geography* 37 (4): 465–485.

Diamond, Norma. 1979. "Women and Industry in Taiwan." *Modern China* 5 (3):

317–340.

Dubrow, Gail Lee. 2003. "Restoring Women's History through Historic Preservation: Recent Developments in Scholarship and Public Historical Practice." In *Restoring Women's History through Historical Preservation*, edited by Gail Lee Dubrow and Jennifer B. Goodman, pp. 1–16. Baltimore: Johns Hopkins University Press.

Edensor, Tim. 2005a. "The Ghosts of Industrial Ruins: Ordering and Disordering Memory in Excessive Space." *Environment and Planning D: Society and Space* 23 (6): 829–849.

——. 2005b. *Industrial Ruins: Space, Aesthetics and Materiality*. New York: Berg.

Engelke, Matthew. 2019. "The Anthropology of Death Revisited." *Annual Review of Anthropology*, no. 48, 29–44.

Fernandez-Kelly, María Patricia. 1983. *"For We Are Sold, I and My People": Women and Industry on Mexico's Frontier*. Albany: State University of New York Press.

Feuchtwang, Stephan. 1974. "Domestic and Communal Worship in Taiwan." In *Religion and Ritual in Chinese Society*, edited by Arthur P. Wolf, pp. 105–129. Stanford, CA: Stanford University Press.

——. 1992. *The Imperial Metaphor: Popular Religion in China*. New York: Routledge.

——. 2010. *The Anthropology of Religion, Charisma and Ghosts*. Berlin: De Gruyter.

Fitting, George. 1982. "Export Processing Zones in Taiwan and the People's Republic of China." *Asian Survey* 22 (8): 732–744.

Fitz-Henry, Erin. 2011. "Distant Allies, Proximate Enemies: Rethinking the Scales of the Antibase Movement in Ecuador." *American Ethnologist* 38 (2): 323–337.

Formoso, Bernard. 2014. "From Bones to Ashes: The Teochiu Management of Bad Death in China and Overseas." In *Buddhist Funeral Cultures of Southeast Asia and China*, edited by Paul Williams and Patrice Ladwig, pp. 192–216. Cambridge: Cambridge University Press.

Gallin, Rita. 1984. "Women, Family and the Political Economy of Taiwan Women." *Journal of Peasant Studies* 12 (1): 76–92.

——. 1990. "Women and the Export Industry in Taiwan: The Muting of Class Consciousness." In *Women Workers and Global Restructuring*, edited by Katherine Ward, pp. 179–192. Ithaca, NY: ILR Press.

Gammeltoft, Tine M., and Lotte Buch Segal. 2016. "Anthropology and Psychoanalysis: Explorations at the Edges of Culture and Consciousness." *Ethos* 44 (4): 399–410.

Gates, Hill. 1979. "Dependency and the Part-Time Proletariat in Taiwan." *Modern China* 5 (3): 381–407.

Gereffi, Gary, and Mei-lin Pan. 1994. "The Globalization of Taiwan's Garment Industry." In *Global Production: The Apparel Industry in the Pacific Rim*, edited by Edna Bonacich, Lucie Cheng, Norma Chinchilla, Nora Hamilton, and Paul Ong, pp. 126–146. Philadelphia: Temple University Press.

Gordon, Avery. 2008. *Ghostly Matters: Haunting and the Sociological Imagination*. Minneapolis: University of Minnesota Press.

Gordillo, Gastón R. 2014. *Rubble: The Afterlife of Destruction*. Durham, NC: Duke University Press.

Greenhalgh, Susan. 1994. "De-Orientalizing the Chinese Family Firm." *American Ethnologist* 21 (4): 746–775.

Grewal, Inderpal, and Caren Kaplan, eds. 1994. *Scattered Hegemonies: Postmodernity and Transnational Feminist Practices*. Minneapolis, MN: University of Minnesota Press.

Gustafsson, Mai Lan. 2009. *War and Shadows: The Haunting of Vietnam*. Ithaca, NY: Cornell University Press.

Harrell, Stevan. 1974. "When a Ghost Becomes a God." In *Religion and Ritual in Chinese Society*, edited by Arthur P. Wolf, pp. 193–206. Stanford, CA: Stanford University Press.

——. 1985. "Why Do Chinese Work So Hard? Reflections on an Entrepreneurial Ethic." *Modern China* 11 (2): 203–226.

——. 1986. "Men, Women, and Ghosts in Taiwanese Folk Religion." In *Gender and Religions: On the Complexity of Symbols*, edited by Caroline Walker Bynum, Stevan Harrell, and Paula Richman, pp. 97–116. Boston: Beacon.

Harvey, David. 1978. "The Urban Process under Capitalism: A Framework for Analysis." *International Journal of Urban and Regional Research* 2 (1–3): 101–131.

——. 1989. *The Condition of Postmodernity*. Oxford: Basil Blackwell.

Hatfield, D. J. 2011. "The [Ghost] Object: Haunting and Urban Renewal in a "Very

Traditional Town." *Kaogu renlei xuekan* 考古人類學刊 *(Journal of Archaeology and Anthropology)*, no. 75, 71–112.

Hefner, Robert W. 1998. "Introduction: Society and Morality in the New Asian Capitalisms." In *Market Cultures Society And Morality In The New Asian Capitalisms*, ed. Robert W. Hefner, pp. 1-38. Boulder, CO: Westview.

Hell, Julia, and Andreas Schönle. 2010. "Introduction." In *Ruins in Modernity*, edited by Julia Hell and Andreas Schönle, pp. 1–16. Durham, NC: Duke University Press.

Herzfeld, Michael. 2017. *Siege of the Spirits: Community and Polity in Bangkok*. Chicago: University of Chicago Press.

High, Steven. 2013. "Beyond Aesthetics: Visibility and Invisibility in the Aftermath of Deindustrialization." *International Labor and Working-Class History*, no. 84, 140–153.

High, Steven, and David W. Lewis. 2007. *Corporate Wasteland: The Landscape and Memory of Deindustrialization*. Ithaca, NY: ILR Press.

Ho, Ming-sho. 2003. "The Politics of Anti-nuclear Protest in Taiwan: A Case of Party-Dependent Movement (1980–2000)." *Modern Asian Studies* 37 (3): 683–708.

——. 2005. "Taiwan's State and Social Movements under the DPP Government, 2000–2004." *Journal of East Asian Studies* 5 (3): 401–425.

——. 2006. "Challenging State Corporatism: The Politics of Taiwan's Labor Federation Movement." *China Journal*, no. 56, 107–127.

——. 2019. "Taiwan's Road to Marriage Equality: Politics of Legalizing Same-Sex Marriage." *China Quarterly*, no. 238, 482–503.

——. 2020. "The Religion-Based Conservative Countermovement in Taiwan: Origin, Tactics and Impact." In *Civil Society and the State in Democratic East Asia: Between Entanglement and Contention in Post High Growth*, edited by David Chiavacci, Simona Grano, and Julia Obinger, pp. 141–166. Amsterdam: Amsterdam University Press.

Ho, Samuel P. S. 1978. *Economic Development of Taiwan, 1860–1980*. New Haven, CT: Yale University Press.

Hollan, Douglas. 2020. "Who Is Haunted by Whom? Steps to an Ecology of

Haunting." *Ethos* 47 (4): 451–464.

Hsiao, Hsin-huang Michael, and Ming-sho Ho. 2010. "Civil Society and Democracy-Making in Taiwan: Reexamining Its Link." In *East Asia's New Democracies: Deepening, Reversal, and Non-liberal Alternatives*, edited by Yin-wah Chu and Siu-lun Wong, pp. 43–64. London: Routledge.

Hsu, Francis L. K. 1971. *Under the Ancestors' Shadow: Kinship, Personality and Social Mobility in China*. Stanford, CA: Stanford University Press.

Hsu, Jinn-yuh, and Lu-ling Cheng. 2002. "Revisiting Economic Development in Post-war Taiwan: The Dynamic Process of Geographical Industrialization." *Regional Studies* 36 (8): 897–908.

Huang, Chang-ling. 2017. "Uneasy Alliance: State Feminism and the Conservative Government in Taiwan." In *Taiwan's Social Movement under Ma Ying-jeou: From the Wild Strawberries to the Sunflowers*, edited by Dafydd Fell, pp. 258–272. Abingdon, UK: Routledge.

Huang, Ke-hsien. 2017. '"Cultural War" in a Globalized East: How Taiwanese Conservative Christianity Turned Public during the Same-Sex Marriage Controversy and a Secularist Backlash." *Review of Religion and Chinese Society* 4 (1): 108–136.

Huang, Shu-Chun Lucy. 2007. "Intentions for the Recreational Use of Public Landscaped Cemeteries in Taiwan." *Landscape Research* 32 (2): 207–223.

Inter-Parliamentary Union and UN Women. 2019. *Women in Politics: 2019*. Annotated map. New York: United Nations Entity for Gender Equality and the Empowerment of Women. https://www.unwomen.org/en/digital-library/publications/2019/03/women-in-politics-2019-map.

Jones, Katherine. 1998. "Scale as Epistemology." *Political Geography* 17 (1): 25–28.

Jordan, David. 1972. *Gods, Ghosts, and Ancestors: The Folk Religion of a Taiwanese Village*. Berkeley: University of California Press.

Jou, Sue-Ching, Eric Clark, and Hsiao-Wei Chen. 2016. "Gentrification and Revanchist Urbanism in Taipei?" *Urban Studies* 53 (3): 560–576.

Jou, Sue-Ching, Anders Lund Hansen, and Hsin-Ling Wu. 2011. "Accumulation by Dispossession and Neoliberal Urban Planning: 'Landing' the Mega-Projects

in Taipei." In *Contradictions of Neoliberal Planning: Cities, Policies, and Politics*, edited by Tuna Taşan-Kok and Guy Baeten, pp. 151–171. New York: Springer.

Kaohsiung City Information Bureau. 2001. "A City-Harbor Merger: A Win-Win Solution." *Love Kaohsiung*, June 2001. https://kcginfo.kcg.gov.tw/Publish_Content.aspx?n=A22859B204186560&sms=6A6B57F5FE966020&s=D8F92467DC22EA1D&chapt=5466&sort=1

Katz, Cindi. 1993. "Growing Girls / Closing Circles: Limits on the Spaces of Knowing in Rural Sudan and US Cities." In *Full Circles: Geographies of Women over the Life Course*, edited by Cindi Katz and Janice Monk, pp. 88–106. Abingdon, UK: Routledge.

Katz, Paul R. 1995a. *Demon Hordes and Burning Boats: The Cult of Marshal Wen in Late Imperial Chekiang*. Albany: State University of New York Press.

——. 1995b. "The Pacification of Plagues: A Chinese Rite of Affliction." *Journal of Ritual Studies* 9 (1): 55–100.

Kilroy-Marac, Katie. 2014. "Speaking with Revenants: Haunting and the Ethnographic Enterprise." *Ethnography* 15 (2): 255–276.

Kim, Chong Su. 2018. "Making, Remaking, and Unmaking of Collective Identities and Democratization: Democratic, Labor, and Women's Movements in South Korea and Taiwan." PhD diss., University of Victoria.

Kim, Seong Nae. 1989. "Lamentations of the Dead: The Historical Imagery of Violence on Cheju Island, South Korea." *Journal of Ritual Studies* 3 (2): 252–286.

——. 2000. "Mourning Korean Modernity in the Memory of the Cheju April Third Incident." *Inter-Asia Cultural Studies* 1 (3): 461–476.

Kim, Seung-kyung. 1997. *Class Struggle or Family Struggle? The Lives of Women Factory Workers in South Korea*. Cambridge: Cambridge University Press.

Klima, Alan. 2002. *The Funeral Casino: Meditation, Massacre, and Exchange with the Dead in Thailand*. Princeton, NJ: Princeton University Press.

Klubock, Thomas Miller, and Paulo Fontes. 2009. "Labor History and Public History: Introduction." *International Labor and Working-Class History*, no. 76, 2–5.

Kong, Lily. 2012. "No Place, New Places: Death and Its Rituals in Urban Asia." *Urban Studies* 49 (2): 415–433.

Kong, Lily, and Brenda S. A. Yeoh. 2003. *The Politics of Landscapes in Singapore: Constructions of "Nation."* Syracuse, NY: Syracuse University Press.

Ku, Yenlin. 1988. "The Changing Status of Women in Taiwan: A Conscious and Collective Struggle toward Equality." *Women's Studies International Forum* 11 (3): 179–186.

——. 1989. "The Feminist Movement in Taiwan, 1972–87." *Bulletin of Concerned Asian Scholars* 21 (1): 12–22.

——. 2008. "Feminist Activism within Bureaucracy: Process of Formulating and Implementing Regulations Governing the Protection of Women's Rights in Taipei." *Women Studies International Forum* 31 (3): 176–185.

Kung, Lydia. 1994. *Factory Women in Taiwan*. New York: Columbia University Press.

Kusno, Abidin. 2006. "Whither Nationalist Urbanism? Public Life in Governor Sutiyoso's Jakarta." In *Globalization and the Politics of Forgetting*, edited by Yong-Sook Lee and Brenda S. A. Yeoh, pp. 83–100. Abingdon, UK: Routledge.

Kwon, Heonik. 2006. *After the Massacre: Commemoration and Consolation in Ha My and My Lai*. Berkeley: University of California Press.

——. 2008. *Ghosts of War in Vietnam*. Cambridge: Cambridge University Press.

Langford, Jean. 2013. *Consoling Ghosts: Stories of Medicine and Mourning from Southeast Asians in Exile*. Minneapolis: University of Minnesota Press.

Leach, Belinda. 2011. "Memorializing Murder, Speaking Back to the State." In *Anthropology at the Front Lines of Gender-Based Violence*, edited by Jennifer R. Wies and Hillary J. Haldane, pp. 191–210. Nashville, TN: Vanderbilt University Press.

Lee, Anru. 2004. *In the Name of Harmony and Prosperity: Gender and Labor Politics in Taiwan's Economic Restructuring*. Albany: State University of New York Press.

——. 2008. "Women of the Sisters' Hall: Religion and the Making of Women's Alternative Space in Taiwan's Economic Restructuring." *Gender, Place and Culture* 15 (4): 373–393.

——. 2009. "Shaping One's Own Destiny: Global Economy, Family, and Women's Struggle in the Taiwanese Context." *Women's Studies International Forum* 32 (2): 120–129.

——. 2015. "Place-Making, Mobility, and Identity: The Politics and Poetics of Urban Mass Transit Systems in Taiwan." In *Transport, Mobility, and the Production of Urban Space*, edited by Julie Cidell and David Prytherch, pp. 153–171. Abingdon, UK: Routledge.

——. 2018. "Taiwan." In *The Routledge Handbook of Civil Society in Asia*, edited by Akihiro Ogawa, pp. 79–94. Abingdon, UK: Routledge.

Lee, Ching Kwan. 1998. *Gender and the South China Miracle*. Berkeley: University of California Press.

Lee, Shu-Ching. 2011. "Negotiating for Change: Women's Movements and Education Reform in Taiwan." *Gender and Education* 23 (1): 47–58.

——. 2012. "Beyond the State: Legitimizing Gender Equity in Education in Taiwan." In *Social Production and Reproduction at the Interface of Public and Private Spheres*, edited by Marcia Texler Segal, Esther Ngan-lin Chow, and Vasilikie Demos, 253–271. Bingley, UK: Emerald Group.

Lee, Tzong-Ru, and Irsan Prawura Hykuys Joie. 2017. "Taiwan's Small and Medium Enterprises (SMEs)." *Education about Asia* 22 (1): 32–34.

Lin, Wei-Ping. 2008. "Conceptualizing Gods through Statues: A Study of Personification and Localization in Taiwan." *Comparative Studies in Society and History* 50 (2): 454–477.

——. 2015. *Materializing Magic Power: Chinese Popular Religion in Villages and Cities*. Cambridge, MA: Harvard University Press.

——. 2018. "Mother Ghost Seeks a Human Son-in-Law: Ghost Shrines in Taiwan." *Magic, Ritual, and Witchcraft* 13 (2): 190–211.

Lincoln, Martha, and Bruce Lincoln. 2015. "Toward a Critical Hauntology: Bare Afterlife and the Ghosts of Ba Chúc." *Comparative Studies in Society and History* 57 (1): 191–220.

Linkon, Sherry Lee, and John Russo. 2002. *Steelwork U.S.A.: Work and Memory in Youngstown*. Lawrence: University Press of Kansas.

Liu, Hwa-Jen. 2015. *Leverage of the Weak: Labor and Environmental Movements in Taiwan and South Korea*. Minneapolis: University of Minnesota Press.

Livingston, Jessica. 2004. "Murder in Juarez: Gender, Sexual Violence, and the Global

Assembly Line." *Frontiers: A Journal of Women Studies* 25 (1): 59–76.

Lo, Ming-Cheng M., and Yun Fan. 2010. "Hybrid Cultural Codes in Nonwestern Civil Society: Images of Women in Taiwan and Hong Kong." *Sociological Theory* 28 (2): 167–192.

Lu, Hwei-syin. 2004. "Transcribing Feminism: Taiwanese Women's Experiences." In *Women of the New Taiwan: Gender Roles and Gender Consciousness in a Changing Society*, edited by Catherine Farris, Anru Lee, and Murray A. Rubinstein, pp. 223–243. Armonk, NY: M. E. Sharpe.

Luger, Moberley. 2009. "Remounting, Remembering: Gender Memorials and Colleen Wagner's The Mountain." *English Studies in Canada* 35 (4): 71–93.

Lynch, Caitrin. 2007. *Juki Girls, Good Girls: Gender and Cultural Politics in Sri Lanka's Garment Industry*. Ithaca, NY: ILR Press.

Mah, Alice. 2010. "Memory, Uncertainty and Industrial Ruination: Walker Riverside, Newcastle upon Tyne." *International Journal of Urban and Regional Research* 34 (2): 398–413.

——. 2012. *Industrial Ruination, Community, and Place: Landscapes and Legacies of Urban Decline*. Toronto: University of Toronto Press.

——. 2014. *Post Cities and Global Legacies: Urban Identity, Waterfront Work, and Radicalism*. New York: Palgrave.

Marston, Sallie A. 2000. "The Social Construction of Scale." *Progress in Human Geography* 24 (2): 219–242.

Martin, Emily. 1988. "Gender and Ideological Differences in Representations of Life and Death." In *Death Ritual in Late Imperial and Modern China*, edited by James L. Watson and Evelyn S. Rawski, pp. 164–179. Berkeley: University of California Press.

Merry, Sally Engle. 2006. "Transnational Human Rights and Local Activism: Mapping the Middle." *American Anthropologist* 108 (1): 38–51.

Merry, Sally Engle, and Rachel E. Stern. 2005. "The Female Inheritance Movement in Hong Kong: Theorizing the Local/Global Interface." *Current Anthropology* 46 (3): 387–409.

Miller, Page Putnam, ed. 1992. *Reclaiming the Past: Landmarks of Women's History*.

Bloomington: Indian University Press.

——. 2003. "Reflections on Federal Policy and Its Impact on Understanding Women's Past at Historical Sites." In *Restoring Women's History through Historical Preservation*, edited by Gail Lee Dubrow and Jennifer B. Goodman, pp. 318–336. Baltimore: Johns Hopkins University Press.

Mills, Mary Beth. 1999. *Thai Women in the Global Labor Force: Consuming Desires. Contested Selves*. New Brunswick, NJ: Rutgers University Press.

——. 2003. "Gender and Inequality in the Global Labor Force." *Annual Review of Anthropology*, no. 32, 41–61.

Minns, John. 2001. "The Labour Movement in South Korea." *Labour History*, no. 81, 175–195.

Minns, John, and Robert Tierney. 2003. "The Labor Movement in Taiwan." *Labour History*, no. 85, 103–128.

Mohanty, Chandra Talpade. 1991. "Under Western Eyes: Feminist Scholarship and Colonial Discourses." In *Third World Women and the Politics of Feminism*, edited by Chandra Talpade Mohanty, Ann Russo, and Lourdes Torres. pp. 51-80. Bloomington and Indianapolis, IN: Indiana University Press.

Moskowitz, Marc. 2004. "Yang-Sucking She-Demons: Penetration, Fear of Castration, and Other Freudian Angst in Modern Chinese Cinema." In *The Minor Arts of Daily Life: Popular Culture in Taiwan*, edited by David Jordan, Andrew D. Morris, and Marc Moskowitz, pp. 204–218. Honolulu: University of Hawai`i Press.

Mueggler, Erik. 1999. "Spectral Subversions: Rival Tactics of Time and Agency in Southwest China." *Comparative Studies in Society and History* 41 (3): 458–481.

——. 2001. *The Age of Wild Ghosts: Memory, Violence, and Place in Southwest China*. Berkeley: University of California Press.

——. 2017. *Songs for Dead Parents: Corpse, Text, and World in Southwest China*. Chicago: University of Chicago Press.

Narayan, Uma. 2013. *Dislocating Cultures: Identities, Traditions and Third World Feminism*. New York: Routledge.

Niehoff, Justin D. 1987. "The Villager as Industrialist: Ideologies of Household Manufacturing in Rural Taiwan." *Modern China* 13 (3): 278-309.

Nora, Pierre. 1989. "Between Memory and History: Les Lieux de Mémoire." *Representations*, no. 26, 7–24.

Ong, Aihwa. 1987. *Spirits of Resistance and Capitalist Discipline: Factory Women in Malaysia*. Albany: State University of New York Press.

Parkins, Ilya. 2014. "'Nineteen Funerals': Ethics of Remembering Murdered Women in a Service Learning Classroom." *Review of Education, Pedagogy, and Cultural Studies* 36 (2): 127–143.

Pun, Ngai. 2005. *Made in China: Women Factory Workers in a Global Workplace*. Durham, NC: Duke University Press.

Renshaw, Layla. 2016. *Exhuming Loss: Memory, Materiality and Mass Graves of the Spanish Civil War*. New York: Routledge.

Rhodes, James. 2013. "Youngstown's 'Ghost'? Memory, Identity, and Deindustrialization." *International Labor and Working-Class History*, no. 84, 55–71.

Rigney, Ann. 2008. "The Dynamics of Remembrance: Texts between Monumentality and Morphing." In *Cultural Memory Studies: An International and Interdisciplinary Handbook*, edited by Astrid Erll and Ansgar Nünning, pp. 345–353. Berlin: De Gruyter.

Rosenberg, Sharon. 2003. "Neither Forgotten nor Fully Remembered: Tracing an Ambivalent Public Memory on the 10th Anniversary of the Montréal Massacre." *Feminist Theory* 4 (1): 5–27.

Russo, John, and Sherry Lee Linkon, eds. 2005. *New Working-Class Studies*. Ithaca, NY: Cornell University Press.

Salaff, Janet. 1995. *Working Daughters of Hong Kong*. New York: Columbia University Press.

Salzinger, Leslie. 2003. *Genders in Production: Making Workers in Mexico's Global Factories*. Berkeley: University of California Press.

Sangren, P. Steven. 2000. *Chinese Sociologics: An Anthropological Account of the Role of Alienation in Social Reproduction*. London: Athlone.

——. 2012. "Fate, Agency, and the Economy of Desire in Chinese Ritual and Society." *Social Analysis* 56 (2): 117–135.

——. 2013. "The Chinese Family as Instituted Fantasy: Or, Rescuing Kinship Imaginaries from the 'Symbolic.'" *Journal of the Royal Anthropological Institute* 19 (2): 279–299.

——. 2017. *Filial Obsessions: Chinese Patriliny and Its Discontent*. New York: Palgrave Macmillan.

Shieh, G. S. 1993. *"Boss" Island: The Subcontracting Network and Micro-entrepreneurship in Taiwan's Development*. New York: Peter Lang.

Shih, Fang-Long. 2007. "Generation of a New Space: A Maiden Temple in the Chinese Religious Culture of Taiwan." *Culture and Religion* 8 (1): 89–104.

——. 2009. "Re-writing Religion: Questions of Translations, Context, and Location in the Writing of Religion in Taiwan." In *Re-writing Culture in Taiwan*, edited by Fang-long Shih, Stuart Thompson, and Paul-François Tremlett, pp. 15–33. Abingdon, UK: Routledge.

Simon, Roger I., and Claudia Eppert. 1997. "Remembering Obligation: Pedagogy and the Witnessing of Historical Trauma." *Canadian Journal of Education* 22 (2): 175-191.

Simon, Roger I., and Sharon Rosenberg. 2005. "Beyond the Logic of Emblemization: Remembering and Learning from the Montreal Massacre." In *The Touch of the Past: Remembrance, Learning, and Ethics*, by Roger I. Simon, pp. 65–86. New York: Palgrave Macmillan.

Smith, Laurajane. 2006. *Uses of Heritage*. Abingdon, UK: Routledge.

Smith, Laurajane, Paul Shackel, and Gary Campbell, eds. 2011. *Heritage, Labour and the Working Classes*. Abingdon, UK: Routledge.

Smith, Neil. 1984. *Uneven Development: Nature, Capital and the Production of Space*. Oxford: Basil Blackwell.

——. 1996. "Spaces of Vulnerability: The Space of Flows and the Politics of Scale." *Critique of Anthropology* 16 (1): 63–77.

Sola-Morales, Ignasi de. 1995. "Terrain Vague." In *Anyplace*, edited by Cynthia C. Davidson, 118–123. Cambridge, MA: MIT Press.

Stanton, Cathy. 2006. *The Lowell Experiment: Public History in a Postindustrial City*. Amherst: University of Massachusetts Press.

Sterk, Darryl. 2011. "The Spirit of Deer Town and the Redemption of Li Ang's Uncanny Literary Home." *Chinese Literature Today* 2 (1): 24–30.

Stites, Richard W. 1982. "Small-Scale Industry in Yingge, Taiwan." *Modern China* 8 (2): 247–279.

——. 1985. "Industrial Work as an Entrepreneurial Strategy." *Modern China* 11 (2): 227–246.

Stoler, Ann Laura. 2013. "Introduction 'The Rot Remains': From Ruins to Ruination." In *Imperial Debris: On Ruins and Ruination*, edited by Ann Laura Stoler, pp. 1–38. Durham: Duke University Press.

Strangleman, Tim. 2019. *Voices of Guinness: An Oral History of Park Royal Brewery*. Oxford: Oxford University Press.

Strangleman, Tim, James Rhodes, and Sherry Lee Linkon. 2013. "Introduction to Crumbling Cultures: Deindustrialization, Class, and Memory." *International Labor and Working-Class History*, no. 84, 7–22.

Su Chien-ling. 2014. "Government and Nongovernmental Organizations Working Together in Gender Education." *Chinese Education and Society* 47 (4): 14–22.

Swyngedouw, Erik. 1997. "Neither Global nor Local: 'Glocalization' and the Politics of Scale." In *Spaces of Globalization: Reasserting the Power of the Local*, edited by Kevin R. Cox, pp. 137–166. New York: Guilford.

Szonyi, Michael. 2008. *Cold War Island: Quemoy on the Front Line*. Cambridge: Cambridge University Press.

Taiwan Asia-Pacific Regional Operations Center. n.d. "Blueprint." Web page. https://park.org/Taiwan/Government/Theme/Asia_Pacific_Rigional/english/foreword/2.htm.

Tang, Wen-hui Anna. 2013. "Constructing and Practicing Feminist Pedagogy in Taiwan Using a Field Study of the Twenty-Five Ladies Tomb." *Gender, Place and Culture* 20 (6): 811–826.

Tang, Wen-hui Anna, and Emma J. Teng. 2016. "Looking Again at Taiwan's Lü Hsiu-lien: A Female Vice President or a Feminist Vice President?" *Women's Studies International Forum*, no. 56, 92–102.

Taska, Lucy. 2003. "Machines and Ghosts: Politics, Industrial Heritage and the History

of Working Life at the Eveleigh Workshops." *Labour History*, no. 85, 65–88.

——. 2009. "Labor History and Public History in Australia: Allies or Uneasy Bedfellows?" *International Labor and Working-Class History*, no. 76, 82–104.

Thompson, Christopher. 2019. "Folk Spirituality, Ghosts, and Tsunami Death-Mitigation in Iwate, Japan: A Local Take on The Legends of T no—story 99." *Asian Anthropology* 18 (2): 91–109.

Thrift, Nigel. 2003. "Performance and. . . ." *Environment and Planning A: Economy and Space* 35 (11): 2019–2024.

Tong Chee-Kiong. 2004. *Chinese Death Rituals in Singapore*. Abingdon, UK: Routledge.

Tremlett, Paul-François. 2007. "Death-scapes in Taipei and Manila: A Postmodern Necrography." *Taiwan in Comparative Perspective*, no. 1, 23–36.

——. 2009. "Re-riting Death: Secularism and Death-scapes in Taipei." In *Re-Writing Culture in Taiwan*, edited by Fang-long Shih, Stuart Thompson, and Paul-François Tremlett, pp. 34–49. Abingdon, UK: Routledge.

Urry, John, and Jonas Larsen. 2011. *The Tourist Gaze 3.0*. London: Sage.

Verdery, Katherine. 1999. *The Political Lives of Dead Bodies: Reburial and Postsocialist Change*. New York: Columbia University Press.

Wang, Li-ching. 2014. "Mainstreaming Gender into Schools in the Taiwan Context." *Chinese Education and Society* 47 (4): 5–13.

Wang, Wei-ni. 2007. "Gender Equality Education Act in Taiwan: Impacts and Challenges." In *Soaring beyond Boundaries: Women Breaking Educational Barriers in Traditional Societies*, edited by Reitumetse Obakeng Mabokela, pp. 131–148. Leiden, Netherlands: Brill.

Watson, James. 1982. "Of Flesh and Bones: The Management of Death Pollution in Cantonese Society." In *Death and the Regeneration of Life*, edited by Maurice Bloch and Jonathan Parry, pp. 155–186. Cambridge: Cambridge University Press.

——. 1985. "Standardizing the Gods: The Promotion of T'ien Hou ('Empress of Heaven') Along the South China Coast, 960–1960." In *Popular Culture in Late Imperial China*, edited by David Johnson, Andrew J. Nathan, and Evelyn S. Rawski, pp. 292–324. Berkeley: University of California Press.

Watson, James, and Evelyn S. Rawski, eds. 1988. *Death Ritual in Late Imperial and Modern China*. Berkeley: University of California Press.

Weiner, James. 1999. "Psychoanalysis and Anthropology: On the Temporality of Analysis." In *Anthropological Theory Today*, edited by Henrietta L. Moore, pp. 234–261. Cambridge: Polity.

Weinstock, Jeffrey Andrew. 2004. "Introduction: The Spectral Turn." In *Spectral America: Phantoms and the National Imagination*, edited by Jeffrey Andrew Weinstock, pp. 3–17. Madison: University of Wisconsin Press.

Weller, Robert P. 1985. "Bandits, Beggars, and Ghosts: The Failure of State Control over Religious Interpretation in Taiwan." *American Ethnologist* 12 (1): 46–61.

——. 1987. *Unities and Diversities in Chinese Religion*. Seattle: University of Washington Press.

——. 1994a. "Capitalism, Community, and the Rise of Amoral Cults in Taiwan." In *Asian Visions of Authority: Religion and the Modern States of East and Southeast Asia*, edited by Charles F. Keyes, Laurel Kendall, and Helen Hardacre, pp. 141–164. Honolulu: University of Hawai`i Press.

——. 1994b. *Resistance, Chaos and Control in China: Taiping Rebels, Taiwanese Ghosts and Tiananmen*. Seattle: University of Washington Press.

——. 2000. "Living at the Edge: Religion, Capitalism, and the End of the Nation-State in Taiwan." *Popular Culture* 12 (2): 477–498.

Weng, Hui-chen, and Dafydd Fell. 2006. "The Rootless Movement: Taiwan's Women's Movement in the KMT and DPP Eras." In *What Has Changed? Taiwan before and after the Change in Ruling Parties*, edited by Bi-yu Chang, Dafydd Fell, and Henning Kloter, pp. 147–164. Wiesbaden, Germany: Harrassowitz.

Wolf, Arthur P. 1978. "Gods, Ghosts, and Ancestors." In *Studies in Chinese Society*, edited by Arthur P. Wolf, pp. 131–182. Stanford, CA: Stanford University Press.

Wolf, Arthur P., and Chieh-shan Huang. 1980. *Marriage and Adoption in China, 1845–1945*. Stanford, CA: Stanford University Press.

Wolf, Margery. 1960. *The House of Lim: A Study of a Chinese Family*. Englewood Cliffs, NJ: Prentice Hall.

——. 1972. *Women and the Family in Rural Taiwan*. Stanford, CA: Stanford University

Press.

——. 1990. "The Woman Who Didn't Become a Shaman." *American Ethnologist* 17 (3): 419–430.

——. 1992. *A Thrice-Told Tale: Feminism, Postmodernism, and Ethnographic Responsibility*. Stanford, CA: Stanford University Press.

Wright, Melissa. 1999. "The Dialectics of Still Life: Murder, Women, and Maquiladoras." *Public Culture* 11 (3): 453–473.

——. 2007. "Femicide, Mother-Activism, and the Geography of Protest in Northern Mexico." *Urban Geography* 28 (5): 401–425.

Wu, Yenna. 2014. "(Dis)embodied Subversion." In *Li Ang's Visionary Challenges to Gender, Sex, and Politics*, edited by Yenna Wu, pp. 141–160. New York: Lexington Books.

——. 2015. "Female Literary Talent and Gender-related Trauma in Li Ang's 'No-Sky Ghost.'" *American Journal of Chinese Studies* 22 (1): 59–76.

Yang, Li-shou, Arland Thornton, and Thomas Fricke. 2000. "Religion and Family Formation in Taiwan: The Decline of Ancestral Authority." In *Family, Religion, and Social Change in Diverse Societies*, edited by Sharon K. Houseknecht and Jerry G. Pankhurst, pp. 121–146. Oxford: Oxford University Press.

Yeh, Lindy. 2004. "Kaohsiung Aspires to Be Cultural Icon," *Taipei Times*, April 23, 2004. http://www.taipeitimes.com/News/taiwan/archives/2004/04/23/2003137736.

Yu, Sang-ju. 2019. "Can Affective Atmospheres Justify Megaprojects? A Case Study of the 'Asia New Bay Area' in Kaohsiung, Taiwan." *Emotion, Space, and Society* 31: 1-9.

Zukin, Sharon. 1991. *Landscapes of Power: From Detroit to Disney World*. Berkeley: University of California Press.